中国铁建股份有限公司企业标准

铁路隧道机械化施工技术指南

Technical Guide for Mechanized Construction of Railway Tunnels

Q/CRCC 13301—2023

主编单位：中铁十二局集团有限公司
　　　　　中国铁建重工集团股份有限公司
批准单位：中国铁建股份有限公司
实施日期：2024 年 5 月 1 日

人民交通出版社股份有限公司
2024·北京

图书在版编目（CIP）数据

铁路隧道机械化施工技术指南／中铁十二局集团有限公司，中国铁建重工集团股份有限公司主编． — 北京：人民交通出版社股份有限公司，2024.3

ISBN 978-7-114-19317-0

Ⅰ.①铁… Ⅱ.①中…②中… Ⅲ.①铁路隧道—隧道施工—机械化施工—指南 Ⅳ.①U459.1-62

中国国家版本馆 CIP 数据核字（2023）第 250870 号

标准类型：中国铁建股份有限公司企业标准
标准名称：铁路隧道机械化施工技术指南
标准编号：Q/CRCC 13301—2023
主编单位：中铁十二局集团有限公司
　　　　　中国铁建重工集团股份有限公司
责任编辑：曲　乐　刘国坤
责任校对：赵媛媛　魏佳宁
责任印制：刘高彤
出版发行：人民交通出版社股份有限公司
地　　址：(100011)北京市朝阳区安定门外外馆斜街3号
网　　址：http://www.ccpcl.com.cn
销售电话：(010)59757973
总 经 销：人民交通出版社股份有限公司发行部
经　　销：各地新华书店
印　　刷：北京印匠彩色印刷有限公司
开　　本：880×1230　1/16
印　　张：8.75
字　　数：198千
版　　次：2024年3月　第1版
印　　次：2024年3月　第1次印刷
书　　号：ISBN 978-7-114-19317-0
定　　价：62.00元

（有印刷、装订质量问题的图书，由本公司负责调换）

中国铁建股份有限公司文件

中国铁建科创〔2023〕99 号

关于发布《高速铁路轨道及线下结构服役状态监测技术规程》等 12 项中国铁建企业技术标准的通知

各区域总部，所属各单位、各直管项目部：

现批准发布《高速铁路轨道及线下结构服役状态监测技术规程》（Q/CRCC 12501—2023）、《铁路工程布袋注浆桩技术规程》（Q/CRCC 13101—2023）、《城市轨道交通信息模型施工应用指南（土建部分）》（Q/CRCC 32301—2023）、《河道生态治理技术规程》（Q/CRCC 33701—2023）、《铁路物联网信息通信总体框架》（Q/CRCC 13801—2023）、《轨道交通接触网大数据基本要求》（Q/CRCC 13701—2023）、《接触网在线监测信息感知装置》（Q/CRCC 13702—2023）、《桥梁转体技术规程》（Q/CRCC 23202—2023）、《铁路隧道机械化施工技术指南》（Q/CRCC 13301—2023）、《装配式挡土墙技术规程》（Q/CRCC 23303—2023）、《农村公路桥梁技术指南》（Q/CRCC 23203—2023）和《工程施工废弃物再生集料应用技术标准》（Q/CRCC 23304—2023），自 2024 年 5 月 1 日起实施。

以上标准由人民交通出版社股份有限公司出版发行。

中国铁建股份有限公司
2023 年 11 月 10 日

前　言

本指南根据中国铁建股份有限公司《关于下达2022年中国铁建企业技术标准编制计划的通知》（中国铁建科创函〔2022〕15号）的要求，由中铁十二局集团有限公司、中国铁建重工集团股份有限公司会同参编单位编制完成。

本指南编制过程中，编制组进行了深入调查研究，系统总结了工程实践经验，广泛征求有关单位和专家意见，并与相关标准相协调，经反复讨论、修改，由中国铁建股份有限公司科技创新部审查定稿。

本指南共11章，主要内容包括：1 总则；2 术语；3 基本规定；4 施工准备；5 施工机械；6 超前地质预报与掌子面稳定性评价；7 开挖；8 装渣与运输；9 支护；10 二次衬砌；11 信息化管理。另有3个附录。

本指南由中铁十二局集团有限公司负责具体技术内容的解释，由中国铁建股份有限公司科技创新部负责管理。指南执行过程中如有意见或者建议，请寄送至中铁十二局集团有限公司（地址：山西省太原市西矿街130号；邮编：030024；电话：0351-2653907；邮箱：898781349@qq.com），以供今后修订时参考。

主 编 单 位：	中铁十二局集团有限公司
	中国铁建重工集团股份有限公司
参 编 单 位：	中铁十二局集团第一工程有限公司
主要起草人员：	郭 瑞　王 磊　杜 洋　黄柱安　姜志亮　刘建亮
	石桢阳　邹黎勇　王泉智　梁志超　邓旭东　苏彦伟
	刘 俊　王 宁　张国红　张晓波　阳艳玲　李建军
	贾优秀　廖金军　张上伟　商崇伦　王双卯　袁 泽
	韩兴博
主要审查人员：	王志坚　肖广智　周立新　田四明　林传年　刘艳青
	刘 杰　王明年　张振琼　路美丽　范瑞明　汶文钊
	徐惠纯　代敬辉　贾志武　张立青　邓启华　徐治中
	王志伟　黄明琦　刘大刚　于 鹏

目　次

1 总则 ··· 1
2 术语 ··· 2
3 基本规定 ·· 4
4 施工准备 ·· 7
　4.1 施工调查 ·· 7
　4.2 施工方案 ·· 7
　4.3 资源配置 ·· 9
　4.4 施工方法 ·· 10
5 施工机械 ·· 18
　5.1 一般规定 ·· 18
　5.2 施工机械化配套 ·· 19
　5.3 设备选型 ·· 19
　5.4 设备维保 ·· 24
6 超前地质预报与掌子面稳定性评价 ·· 26
　6.1 一般规定 ·· 26
　6.2 超前地质预报 ·· 26
　6.3 掌子面稳定性评价 ··· 28
7 开挖 ·· 31
　7.1 一般规定 ·· 31
　7.2 钻爆设计 ·· 32
　7.3 钻爆作业 ·· 34
　7.4 超欠挖控制 ··· 37
8 装渣与运输 ·· 40
　8.1 一般规定 ·· 40
　8.2 装渣作业 ·· 41
　8.3 运输作业 ·· 42
9 支护 ·· 45
　9.1 一般规定 ·· 45
　9.2 超前支护及预加固 ··· 46
　9.3 初期支护 ·· 53
10 二次衬砌 ·· 61
　10.1 一般规定 ·· 61

10.2 仰拱及填充	62
10.3 防排水	64
10.4 二次衬砌	66
10.5 水沟电缆槽	71
11 信息化管理	**73**
11.1 一般规定	73
11.2 隧道数字化管理平台	73
11.3 数字化工地	77
附录A 机械化施工建议配置方案	79
附录B 郑万铁路隧道机械化案例	87
附录C 施工机械简介	89
本指南用词说明	127
引用标准名录	128
涉及专利和专有技术名录	129

Contents

1 General Provisions ··· 1
2 Terms ·· 2
3 Basic Regulations ··· 4
4 Construction Preparation ··· 7
   4.1 Construction Investigation ·· 7
   4.2 Construction Scheme ·· 7
   4.3 Resource Allocation ··· 9
   4.4 Construction Method ·· 10
5 Construction Machine ·· 18
   5.1 General Provision ·· 18
   5.2 Construction Mechanization Matching ··· 19
   5.3 Equipment Selection ··· 19
   5.4 Equipment Maintenance ··· 24
6 Advanced Geological Prediction and Stability Evaluation of Tunnel Face ········ 26
   6.1 General Provision ·· 26
   6.2 Advanced Geological Prediction ·· 26
   6.3 Stability Evaluation of Tunnel face ··· 28
7 Excavation ··· 31
   7.1 General Provision ·· 31
   7.2 Drilling and Blasting Design ·· 32
   7.3 Blast Excavating ··· 34
   7.4 Over-under-digging Control ·· 37
8 Slag Loading and Transportation ·· 40
   8.1 General Provision ·· 40
   8.2 Slag Loading Excavating ··· 41
   8.3 Transportation Excavating ·· 42
9 Support ·· 45
   9.1 General Provision ·· 45
   9.2 Advance Support and Pre-reinforcement ····································· 46
   9.3 Initial Support ·· 53
10 Secondary Lining ··· 61
   10.1 General Provision ·· 61

10.2	Inverted Arch and Filling	62
10.3	Drainage	64
10.4	Secondary Lining	66
10.5	Secondary Lining	71
11	**Information Management**	73
11.1	General Provision	73
11.2	Tunnel Digital Management Platform	73
11.3	Digital Construction Site	77

Appendix A Mechanized Construction Recommended Configuration Scheme ⋯⋯ 79
Appendix B Mechanization Case of Zheng-Wan Railway Tunnel ⋯⋯⋯⋯ 87
Appendix C Introduction of Construction Machinery ⋯⋯⋯⋯⋯⋯⋯⋯ 89
Explanation of Terms Vsed in This Guide ⋯⋯⋯⋯⋯⋯⋯⋯⋯⋯⋯⋯⋯⋯ 127
List of Quoted Standards ⋯⋯⋯⋯⋯⋯⋯⋯⋯⋯⋯⋯⋯⋯⋯⋯⋯⋯⋯⋯⋯ 128
List of Patents and Proprietary Technology ⋯⋯⋯⋯⋯⋯⋯⋯⋯⋯⋯⋯⋯ 129

1 总则

1.0.1 为提高铁路隧道建造水平，指导隧道机械化施工，保障施工安全和质量，提高施工效率，降低成本，制定本指南。

1.0.2 本指南适用于钻爆法施工的铁路隧道。

1.0.3 铁路隧道机械化施工应采用适宜的工法，推广应用新技术、新工艺、新设备、新材料，提高施工技术水平。

1.0.4 铁路隧道机械化施工应与数字化管理融合，统筹运用信息化、数字化技术进行项目管理，提高施工效率。

条文说明

数字化、智能化是铁路发展的必然方向，是铁路建设现代化的标志。随着人工智能（AI）、大数据、物联网及建筑信息模型（BIM）技术的发展，铁路建造过程融入信息化、数字化和智能化技术，可极大提升项目质量、效率等管理水平。利用现代信息技术将隧道全工序机械化修建技术与数字化施工装备深度融合，运用创新管理手段构建"智慧工地"管理体系，可全面提升企业施工信息化管理水平和工程质量、安全等监管与服务效能，实现工程管理精细化。

1.0.5 铁路隧道机械化施工除应符合本指南的规定外，尚应符合国家现行有关标准和中国铁建股份有限公司现行企业技术标准的有关规定。

2 术语

2.0.1 机械化施工　mechanized construction

根据工程条件配置适应的施工机械，选用适宜的工法工艺，通过合理的组织，依靠机械设备安全高效完成工程的作业方式。

2.0.2 机械配置　mechanical configuration

根据工程规模和施工方法确定机械化施工需要的设备规格、型号、数量及其组合方式等，保证工程按期完成，实现预期经济效益和社会效益。

2.0.3 隧道掌子面稳定性　tunnel face stability

隧道开挖后掌子面的应力应变状态发生变化，施工现场采用定性与定量相结合方式研判确定隧道掌子面及前方岩、土体的稳定状态，以分析指导分部开挖或超前加固的必要性和可行性。

2.0.4 超前预加固　strengthening method by advance support

隧道开挖前，采用锚杆、小导管或管棚等在隧道轴向以一定的倾角插入开挖工作面拱部前方注浆，或在掌子面打入玻璃纤维锚杆注浆对围岩进行预先加固的支护方法。

2.0.5 Ⅰ型机械化配套　type Ⅰ construction machinery and matching equipment

由超前支护、开挖、初期支护、二次衬砌等基本作业线组成的钻爆法隧道施工机械配置模式，主要配套设备包含多功能钻机、全电脑凿岩台车、锚杆钻注一体机、钢架安装台车或多功能台架、混凝土湿喷台车、自行式仰拱栈桥、防水板及钢筋作业台车、衬砌台车、自动养护台车、沟槽模板台车等。

2.0.6 Ⅱ型机械化配套　type Ⅱ construction machinery and matching equipment

由超前支护、开挖、初期支护、二次衬砌等基本作业线组成的钻爆法隧道施工机械配置模式，主要配套设备在Ⅰ型机械化配套设备的基础上，将全电脑凿岩台车替换为凿岩机和多功能台架。

2.0.7 全工序 full process

将超前地质预报、开挖、装运、支护、仰拱铺底、防排水、二次衬砌和沟槽等作业工序均按机械化进行配套，实现隧道所有工序的机械化施工。

3 基本规定

3.0.1 铁路隧道机械化施工应综合考虑自然环境、地质条件、隧道规模、隧道断面尺寸、施工工法、工期等因素，合理配置机械设备并充分发挥其优势，保障隧道施工安全和质量。

3.0.2 铁路隧道机械化施工宜根据工程特点和施工需要按全工序机械化配置，实现各道工序机械化、标准化。

条文说明

全工序机械化是未来隧道施工的主流方向，能够显著提高隧道施工工效，减少作业人数，加快施工进度，降低施工安全风险，改善作业环境，推动隧道机械化全面发展。

3.0.3 铁路隧道机械化配套应与工程地质、施工组织能力相匹配，配套生产能力应大于均衡生产能力，宜一机多用，充分发挥机械化综合效率。

条文说明

机械设备的选型与配套和施工方法密切相关，需根据工程投资规模、工程性质、施工组织设计和合同承诺，制定切实可行、科学合理的施工设备配置计划，使所配置的施工设备型号、规格、能力与工程任务和环境相适应，形成与工程规模相匹配的机械化施工能力。设备配置需考虑一套设备能够适应多种施工工法，提高成套设备的施工效率，避免频繁更换施工装备造成进度延误。

3.0.4 铁路机械化配套施工宜优先选用具备自动化、数字化功能的设备，以实现数据的自动采集、存储和数据信息共享功能，并通过信息化管理系统，定期进行统计分析。

3.0.5 铁路隧道机械化配套方案应实现技术先进、设备成本合理，并应考虑设备配置的通用性。

条文说明

进行机械设备选型配套时，需考虑设备的通用性，既可以在岩石隧道中应用，也可以在其他类似工程应用，以降低机械设备的购置和运输成本。同时，要从生产效率、运行水平、能耗水平、安全性、维修性以及售后服务等方面综合考虑，避免选择性能差、技术落后、能耗高的设备。

3.0.6 铁路隧道机械化施工应配备专业的机械操作人员，各工序应组建专业化作业队伍，培养一专多能的技术（技能）人才，提高机械化作业效率。

条文说明

隧道机械化施工对专业技能人才的要求比较高，要保持机械设备的操作手、维修及管理人员稳定，尤其是要保持操作手和维修保养技术人员的稳定，要防止因机械故障现场处理不及时，设备使用、运转程度不高，导致出现机械设备窝工、工序失衡的现象发生。

3.0.7 铁路隧道机械化施工过程应及时收集、分析施工地质资料，结合监控量测数据成果，开展围岩及掌子面稳定性评估，及时优化施工工法、动态调整支护参数，确保支护结构安全和施工安全。

3.0.8 铁路隧道钻爆法开挖应采用光面爆破技术，并宜采用3D扫描等技术手段加强开挖断面、初期支护断面检测，对比超欠挖数据，及时调整爆破参数，优化施工方法。

3.0.9 铁路隧道机械化施工应根据地质情况、施工环境、断面形式、设计及规范等要求编制监控量测实施细则，并纳入施工工序管理。

3.0.10 铁路隧道机械化施工应制定科学合理的隧道施工管理调度体系，对人员、材料、机械设备和工序进行有效管理，实现工序的有效衔接，减少资源消耗，提高作业效率。

条文说明

隧道施工逐步从以人力施工为主向机械化为主转变，在隧道施工的工序管理、人员管理、机械设备调度方面，目前主要依靠施工现场的管理人员，而管理人员的业务水平、管理经验、责任心在很大程度上影响了施工的效率和质量。资源配置不足、工序衔接不紧凑、作业时间长等问题会造成隧道施工进度缓慢、工期滞后，大幅度增加后期赶工的成本。同时，施工质量也不能得到有效保障。因此，制定科学合理的隧道施工管理调度体系，实现隧道施工组织管理流程化、规范化势在必行。通过建立科学的施工管理调度体系对人员、材料、机械设备和工序进行有效管理，实现各道工序的紧密衔接、各班组间的紧密配合，减少资源消耗，提高作业效率。

3.0.11 应建立使用、管理、维修和保养保障体系，保证机械使用安全、正常运转。

3.0.12 应建立安全风险管控机制，制定作业面管控标准，加强过程管控和工序安全质量关键卡控。

条文说明

铁路隧道安全快速施工是项目管理的重点，要贯彻落实"安全第一，预防为主，综合治理"的安全生产方针，体现以人为本、安全发展的理念，降低铁路隧道施工安全风险，提高铁路隧道施工安全管理和快速施工能力，保障人身、设备、设施安全。

铁路隧道机械化施工安全风险管控需将安全隐患较大的超前地质预报、超前预加固、超欠挖质量、初期支护质量、监控量测质量等进行综合评分评级，避免出现片面性和随机性，进而提高隧道作业面安全风险评价的科学性和可靠性。

3.0.13 铁路隧道机械化施工应以经济管理为中心，坚持方案预控、责任成本预控、过程成本控制、工序完工考核等机械化施工成本管理模式，降低施工成本。

4 施工准备

4.1 施工调查

4.1.1 施工调查前应制定调查计划，查阅设计文件等资料，调查结束后应编写施工调查报告。

4.1.2 施工调查应包括下列内容：
 1 地理环境、气象、工程地质、水文地质等情况。
 2 隧道分布情况、工点数量和长度、工区划分、工期要求、洞渣临时堆放以及综合利用、施工特点和难点等。
 3 洞口及辅助坑道位置，地形地貌及高程。
 4 施工区道路、供水、供电和通信情况等。
 5 外部电力引入条件及变电站总容量。
 6 施工驻地、机修库、材料库等拟建临时设施的规划位置。
 7 生态、环保的一般规定和特殊要求。

4.2 施工方案

4.2.1 铁路隧道机械化施工前，应重点对设计文件中的超前预加固措施、施工工法、支护措施、机械化配套方案、大型临时工程等进行现场核对，并做好核对记录。

4.2.2 施工前应组织工程技术人员对照设计文件核对下列内容：
 1 隧道平面、纵断面参数。
 2 隧道地质情况、施工长度、不同围岩对应的工法、工期要求及机械化配套要求。
 3 洞口及辅助坑道数量、里程、位置、地形、地貌及原地面高程。
 4 辅助坑道设置、辅助坑道断面尺寸及交叉口空间。
 5 超前地质预报设计内容，超前预加固措施，开挖方法、支护参数、围岩监控量测等要求，施工安全及应急措施。
 6 大型临时设施和过渡工程的设置位置、规模及数量。
 7 设计工程数量及工程量清单。
 8 设计进度指标。

4.2.3 隧道机械化施工方案编制应符合下列要求：

1 施工方案应包括工程概况、编制依据、施工方案和施工方法、施工进度计划、劳动力及其他资源需要计划、施工质量、安全保证措施及应急预案、相关计算书及图表等内容。

2 机械配套方案及设备进出场计划应结合大型设备、装备配套的兼容性和通过性统筹编制。

3 供电、供水方案应根据隧道长度、设备性能及要求确定。

4 爆破方案应根据围岩级别和工法情况编制。

5 超前地质预报和围岩量测实施方案应结合隧道工程特点、施工组织等编制，并纳入工序管理，根据预报及量测结果及时指导施工。

6 特殊岩土与不良地质隧道、瓦斯隧道机械化施工，应根据工程环境条件和技术特点开展风险评估管理工作，制订专项施工方案和专项应急救援预案。

4.2.4 隧道机械化施工生产区、辅助生产区布置应符合下列规定：

1 洞外生产区应按布局紧凑、工序有效衔接等原则布置，洞内应结合隧道围岩级别及大型机械有效安全距离布置。

2 辅助生产区宜邻近隧道洞口布置，维修工棚、油料库等特殊场所布置应满足有关安全规定。

4.2.5 铁路隧道机械化施工应按设计文件和相关技术标准要求编制机械化配套方案及实施要点，保证施工进度目标与工期相匹配，进度指标可按表4.2.5制定。

表4.2.5 隧道机械化施工指导性进度指标

编号	围岩级别	Ⅰ型机械化配套（m/月）			Ⅱ型机械化配套（m/月）		
		辅助坑道	单线	双线	辅助坑道	单线	双线
1	Ⅱ	250~310	200~260	220~280	180~280	130~190	140~200
2	Ⅲ	180~250	160~230	180~240	140~220	90~120	100~130
3	Ⅳ	100~180	110~180	90~160	100~180	60~85	70~95
4	Ⅴ	70~100	60~90	60~90	60~90	35~50	35~50

条文说明

本指南提出的施工月进度指标，是结合《铁路工程施工组织设计规范》（Q/CR 9004—2018）表8.3.4-1，并根据郑万高铁湖北段、宜昌至郑万铁路联络线、渝昆高铁等工程机械化配套施工进度统计数据得出，采集的数据来源于机械化施工的7座隧道、15个工区（其中Ⅰ型机械化配套工区9个，Ⅱ型机械化配套工区6个）的施工月进度指标统计。具体使用时还需考虑以下因素：

（1）高风险隧道或软弱围岩隧道可按上表数值乘以0.85系数。

（2）安排隧道施工进度时，通过辅助坑道施工正洞要区分主攻方向与次攻方向。

（3）单口施工长度小于2km的隧道，一般按Ⅱ型机械化配套施工。

4.3 资源配置

4.3.1 铁路隧道机械化施工场地规划布置应包括下列内容：

1 风、水、电设施场地。
2 施工便道的引入和大型机械设备转弯、调头场地。
3 大型机械设备的组装和检修场地。
4 材料库房及设备库房。
5 临时存渣场或中转场。

4.3.2 铁路隧道机械化施工管理应符合下列规定：

1 隧道机械化装备应按合同文件和实施性施工组织设计配备。

2 隧道机械化施工方案编制完成后，应组织审查报备，并纳入实施性施工组织设计。

3 应制定机械设备维保制度、安全操作要点等管理要件，并对施工过程进行安全监督、检查。

4 施工作业指导书应针对机械设备特性和关键工序管控编制，明确施工作业标准和工艺要求。

5 机械设备配件选择及储备应结合施工机械化配置或租赁方案，配件的种类、质量、价格及供应能力等综合考虑。

6 隧道机械化施工前，应编制首件工程实施计划，选取具有代表性的施工段落或工点作为首件工程进行评估。

4.3.3 施工现场应结合隧道机械化配套实际情况，充分考虑大型机械设备负荷、进场、停放、正常使用等要求，合理规划进场便道、施工用水电等临建设施。

4.3.4 资源配置应按拟定的施工方案和进度安排，计算主要材料、施工机械、设备的数量和分阶段消耗量，并储备一定数量的零部件原材料。

4.3.5 人力资源配置应按隧道规模、进度安排、工序专业类别等要求，编制人力资源需求和使用计划，并应符合下列要求：

1 参与铁路隧道机械化施工的项目管理人员、专职安全员、机械操作人员及特种作业人员等应经专门的安全培训，考核合格后上岗，特种机械操作人员应持证上岗。

2 对铁路隧道机械化施工及管理人员应进行岗前培训教育和技术交底，明确机械化施工的具体要求。

3 使用新设备、新材料、新技术、新工艺时，应对作业人员进行专门的安全生产教育和培训，明确新设备、新工艺存在的风险和应对措施。

4 施工项目应配备专业技术人员，且应根据不同类型的机械设备配备一定数量的维保人员。

4.3.6 采用机械化施工的主要机械设备应综合考虑备用能力并满足应急管理要求。

4.3.7 采用电动挖装运等新能源设备的现场供电系统、充电桩配备数量、续航时间及工作条件应满足施工需要。

4.3.8 铁路隧道机械化施工应将成本管理纳入信息化管理系统，设置成本计划与实际成本对比差值预警提示，并配套超支成本分析功能。

4.4 施工方法

4.4.1 铁路隧道机械化施工方法应根据开挖揭示围岩情况评价掌子面稳定性，采取必要的加固措施，加强施工组织，确保施工安全。

4.4.2 铁路隧道机械化施工开挖宜优先采用全断面法，其次采用台阶法；软弱破碎围岩及软土隧道宜通过超前预支护或掌子面预加固措施提高围岩自稳能力，创造大断面开挖的施工条件。

条文说明

隧道开挖过程是围岩内部应力重分布和达到二次平衡状态的过程，应力重分布最直观的表现是掌子面及其前方围岩变形与洞身围岩变形，而掌子面及其前方围岩、洞身围岩的变形与隧道开挖方法有着密切联系，不同的开挖方法引起的围岩变形规律截然不同，支护体系设计理念也存在明显区别。

传统的台阶法施工通常将隧道断面分成3~4个台阶，自上而下分别进行开挖与支护作业。台阶法施工虽然降低了每次开挖的高度，但其主要依靠人力，机械化程度不高，且其工序较多，对围岩多次扰动。锚杆施作不到位，支护结构因台阶多而不能快速闭合成环，难以提供足够的支护刚度，经常导致洞周围岩塑性区范围较大，围岩（支护）产生的压力和变形量大，尤其是在Ⅳ、Ⅴ级软弱围岩地层压力和变形量更大。受台阶法作业空间的限制，无法采用凿岩台车等大型施工机械作业，对围岩变形只能采用被动支护的设计理念，使用大刚度的型钢钢架抵抗围岩的变形。

与台阶法不同，采用机械化施工的隧道，开挖断面可一次成型（全断面法或者微台阶法），作业空间大，能利用大型机械设备实现快速施工，并能对围岩应力重分布和围岩变形迅速做出响应，其变形量比采用传统台阶法施工的隧道总变形量更小。

4.4.3 铁路隧道机械化施工方法可根据地质情况按表4.4.3选用。

表4.4.3 机械化施工工法表

工法	围岩级别					
	Ⅱ	Ⅲ	Ⅳ		Ⅴ	
			一般地段	其他地段	一般地段	其他地段
全断面法	○	○	○	△	△	—
微台阶法	—	—	△	○	○	○
三台阶法	—	—	—	△	○	○

注：1. "○"表示推荐采用，"△"表示可采用，"—"表示不建议采用。
    2. 一般地质条件下的深埋地段为一般地段，深埋地段以外的地段为其他地段。
    3. 施工工法应根据隧道地质条件变化及时调整。
    4. Ⅴ级围岩采取地层加固措施后，推荐采用微台阶法或三台阶法。

条文说明

决定开挖方法的最重要因素是开挖面的稳定性，即围岩开挖后的动态。开挖后围岩不稳定是难以施工的，这是决定开挖方法的前提条件。因此，开挖后围岩能够自稳的掌子面多采用全断面法，不稳定的掌子面多采用台阶法。

从当前的隧道施工技术发展趋势来看，全断面法、微台阶（超短台阶）及台阶法已成为主流开挖方法。采用全断面法开挖，当围岩条件变差时，可采取补强围岩的方法，确保掌子面在稳定情况下不改变开挖方法。

机械化隧道施工在选择开挖方法时，全断面法是首选方法。全断面法不仅适用于坚硬的岩质围岩，也适用于软弱围岩，是全地质型开挖方法。但软弱围岩采用全断面法的前提条件是必须确保掌子面的稳定性，能够满足快支、快挖、早闭合的基本要求。

4.4.4 铁路隧道机械化全断面工法施工工序可按图4.4.4所示进行。

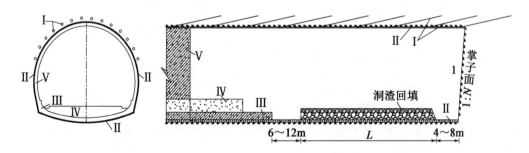

注：图中长度L根据监控量测分析、现场设备配置和作业空间需求确定；N为坡度，不大于0.2。

图4.4.4 全断面工法施工工序示意图

Ⅰ-超前支护施工；Ⅱ-拱墙及隧底初期支护施工；Ⅲ-仰拱混凝土施工；Ⅳ-填充混凝土施工；Ⅴ-拱墙混凝土施工

4.4.5 铁路隧道机械化全断面工法施工工艺流程可按图 4.4.5 所示进行。

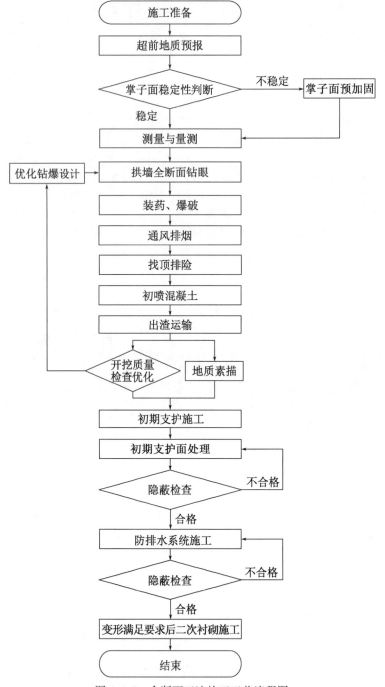

图 4.4.5 全断面工法施工工艺流程图

4.4.6 铁路隧道机械化全断面法施工应符合本指南第 4.4.1 条~4.4.5 条的规定，并应符合下列要求：

1 开挖时应严格控制钻孔深度，保证掌子面平整。
2 掌子面应预留一定坡度，避免掌子面倒悬。
3 爆破后应及时初喷混凝土封闭围岩。

4 宜采用带仰拱爆破开挖，初期支护应及早闭合成环。
5 加强监控量测，根据监控量测结果及时调整初期支护措施。

4.4.7 铁路隧道机械化微台阶法台阶长度宜控制在 3~5m 范围，上台阶高度宜为设计断面高度的 1/2~2/3。

条文说明

微台阶法是全断面开挖法的一种变异形式，施工台阶长度通常为 3~5m，当台阶长度小于 3m 时，无法正常进行钻眼和拱部喷锚支护作业；当台阶长度大于 5m 时，爆破时洞渣翻至下台阶难度大，需要采用人工翻渣。微台阶快速施工原理是对隧道掌子面各作业面空间充分利用，实现"空间占满，时间用足"的高效施工组织，引入全电脑凿岩台车后，各台阶同时开挖后即可支护，再利用湿喷机械手、拱架安装台车等机械化设备，形成上、下台阶同步流水作业，确保工序衔接，提高施工工效，并且初期支护可以封闭成环紧跟掌子面，有利于控制围岩变形，提高软弱围岩开挖工效。

4.4.8 铁路隧道机械化微台阶法宜按图 4.4.8 所示组织施工。

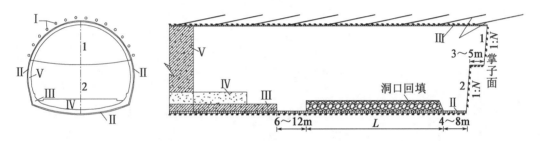

注：图中长度 L 根据监控量测分析、现场设备配置和作业空间需求确定；N 为坡度，不大于 0.2。

图 4.4.8 微台阶法施工示意图

1-上台阶开挖施工；2-下台阶开挖施工；Ⅰ-超前支护施工；Ⅱ-拱墙及隧底初期支护施工；Ⅲ-仰拱混凝土施工；Ⅳ-填充混凝土施工；Ⅴ-拱墙混凝土施工

4.4.9 铁路隧道机械化微台阶法施工工艺可按图 4.4.9 所示流程进行。

4.4.10 铁路隧道机械化微台阶法施工应符合本指南第 4.4.6 条~4.4.9 条的规定，并应符合下列要求：

1 Ⅴ级围岩超前管棚施作时应采用高压注浆，注浆压力不宜小于 3MPa。
2 微台阶法施工时，上、下台阶应同时钻孔起爆，并平行进行支护作业。
3 循环进尺应根据围岩的地质条件、自稳能力和初期支护钢架间距合理确定。

4.4.11 铁路隧道机械化三台阶法宜按图 4.4.11 所示工序组织施工。

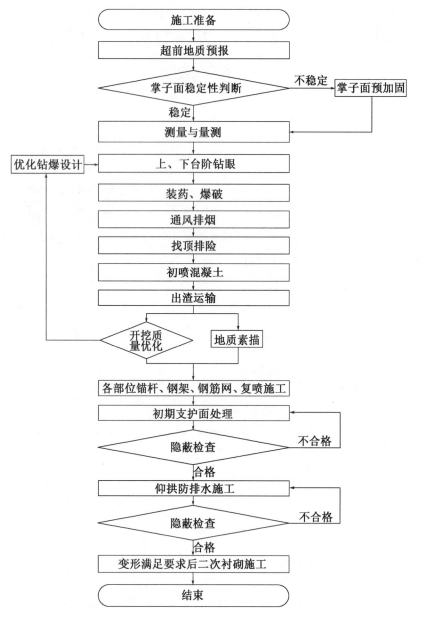

图 4.4.9 微台阶法施工工艺流程图

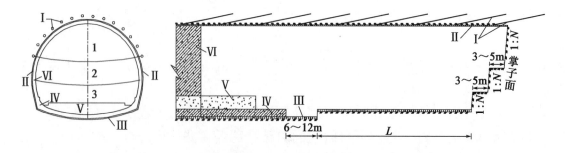

注：图中长度 L 根据监控量测分析、现场设备配置和作业空间需求确定。

图 4.4.11 三台阶法施工示意图

1-上台阶开挖施工；2-中台阶开挖施工；3-下台阶开挖施工；Ⅰ-超前支护施工；Ⅱ-拱墙初期支护施工；Ⅲ-仰拱初期支护施工；Ⅳ-仰拱混凝土施工；Ⅴ-填充混凝土施工；Ⅵ-拱墙混凝土施工

4.4.12 铁路隧道机械化三台阶法施工工艺宜按图4.4.12所示流程进行。

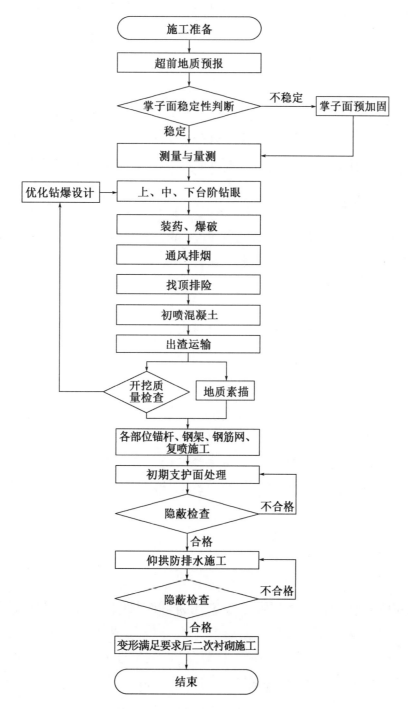

图4.4.12 三台阶法施工工艺流程图

4.4.13 铁路隧道机械化三台阶法施工应符合本指南第4.4.6条、第4.4.11条和4.4.12条规定，并应符合下列要求：

1 台阶长度宜控制在3～5m范围，上台阶高宜为5m，中台阶高宜为3m，下台阶高宜为3m，宜选用长臂凿岩台车。

2 三台阶法施工时，上、中、下台阶应同时钻孔起爆，并平行进行支护作业。

3 采用光面爆破应控制一次同时起爆炸药量，减少爆破振动对围岩的影响。

4 为确保掌子面稳定，应及时施作掌子面超前支护及预加固措施。

条文说明

全工况隧道机械化建造成套技术围绕机械化施工的核心设备凿岩台车，通过适应不同围岩等级的功能配套，实现全断面、微台阶、三台阶多工法作业，适应复杂环境全过程施工，较好解决了目前机械、人工两种工艺方法并存的成本和管理困境，实现全工况隧道机械化高效建造。

西昆高铁全工况三臂凿岩台车机身基本尺寸长17.6m、宽2.9m、高3.6（+1.6）m，钻臂长10.3m，伸展臂总长15.1m，推进梁长7.5m，钻杆长度6m（能两个钻杆相连接），并配置钻杆悬空的配夹纤器和钻杆诱导装置，可适应西昆高铁台阶法施工的设备最小尺寸要求，应用效果较理想。

4.4.14 铁路隧道机械化施工应进行机械装备施工空间、爆破影响范围和支护体系安全性综合分析，确定合理的机械化施工步距。

条文说明

施工步距管理是隧道施工安全的重要保障措施之一。铁路隧道采用机械化施工时，大型机械设备作业空间需求在对机械装备施工空间、爆破影响范围和支护体系安全性的综合分析基础上确定，在确保支护体系安全性基础上可合理增大施工步距，进一步提升施工速度。

按照Ⅰ型或Ⅱ型机械化配套要求，满足隧道内各工序正常施工的前提下，计算爆破影响范围和机械装备所需作业空间，从而确定施工安全步距。

4.4.15 铁路隧道机械化施工作业面稳定性为可控状态时，安全施工步距应按下列规定执行，必要时可组织专家论证后确定：

1 初期支护闭合成环的Ⅳ级围岩初期支护距掌子面距离不应大于70m；Ⅴ级围岩地段宜采用初期支护仰拱紧跟掌子面施作，初期支护距掌子面距离不应大于60m。

2 二次衬砌应在初期支护变形稳定后施作，二次衬砌距掌子面的距离应符合下列要求：

1）Ⅴ级围岩浅埋地段不应大于200m，Ⅴ级围岩其他地段不应大于300m。

2）Ⅳ级围岩地段不宜大于500m，Ⅱ级、Ⅲ级围岩地段二次衬砌距掌子面的距离不予限制。

3）Ⅱ级、Ⅲ级、Ⅳ级和Ⅴ级围岩交互的地段，应按较差围岩的标准进行控制。

3 现浇混凝土仰拱和仰拱填充、底板工作面距离掌子面距离，Ⅳ、Ⅴ级围岩不应大于120m，Ⅱ、Ⅲ级围岩不应大于140m。

4 Ⅳ、Ⅴ级围岩采用超前管棚及高压注浆加固后，每循环开挖进尺不应大于4榀钢架间距；采用超前管棚填充注浆或小导管超前注浆加固后，每循环开挖进尺不应大于3榀钢架间距。

5 施工机械

5.1 一般规定

5.1.1 铁路隧道机械化施工应进行机械配套方案设计确定配套方案，并纳入隧道实施性施工组织设计。

5.1.2 施工机械化配套应根据隧道长度、围岩地质条件、断面大小、辅助坑道设置、环境条件、场地条件、工期要求等因素进行配套方案设计，应经济适用、科学合理。

5.1.3 隧道机械化施工应以"一洞九线"全工序为基本，以设备配套能力为保障，使各工序间相互协调、合理搭接、平行作业，实现隧道施工安全、高效的目的。

条文说明

铁路隧道机械化配套施工时，按照超前地质预报线、开挖作业线、装运作业线、支护作业线、仰拱铺底作业线、防排水作业线、混凝土衬砌作业线、养护作业线、沟槽作业线等九条流水线进行组织，简称"一洞九线"。以实现各道工序机械化、标准化及工装与流程的高效配合、工序紧密衔接、高效运作，极大提高施工效率。

5.1.4 隧道机械设备管理应通过安装的定位设备终端对进入隧道内的车辆进行定位和调度，实时监控隧道内的车辆，提供统计、跟踪、查询及异常预警等信息管理，提高设备的工作效率。

5.1.5 高原、高地温、瓦斯等特殊环境隧道施工，应对施工设备的整机、动力系统、液压流体系统、电气系统等进行针对性设计。

5.1.6 高原环境宜采用新能源纯电动挖掘机、装载机、出渣车，实现"挖、装、运"电动设备一体化。

5.1.7 施工机械的使用、管理、维修和保养应严格执行机械操作及维保手册，保证机械使用安全、正常运转。

5.2 施工机械化配套

5.2.1 铁路隧道机械化施工配套可按Ⅰ型和Ⅱ型进行配置。

条文说明

本指南机械化配套参考了郑万高铁、宜昌至兴山高铁联络线及某高原铁路施工实践，铁路双线隧道单作业面机械化建议依据附表 A.0.1 进行配套。铁路单线、辅助坑道单作业面机械化建议依据附表 A.0.2 进行配套。同时，可参考附录 B、附录 C 进行工程机械配置及设备选型。

5.2.2 机械化配套类型的选择应根据地质条件、作业工区长度、工期要求等因素综合确定，并应符合下列要求：
1 控制性工程应选用Ⅰ型机械化配套类型。
2 隧道正洞机械化配套类型适用条件可按表 5.2.2 选择。

表 5.2.2 隧道正洞机械化配套类型适用条件

作业工区长度（km）	Ⅳ、Ⅴ级围岩占比（%）	
	≥60	<60
≥3	Ⅰ型	Ⅰ型或Ⅱ型
<3	Ⅰ型或Ⅱ型	Ⅱ型

条文说明

将"作业区段长度"作为机械化配套选型条件，是根据《铁路工程施工组织设计规范》（Q/CR 9004—2018）中"隧道的施工区段长度 2～3km"的规定，结合宜昌至兴山高铁联络线隧道机械化配套作业工区实际应用，为充分发挥机械化配套的生产效率，本指南以 3km 为机械化配套适用条件。

控制性隧道工程一般存在工期压力大、安全风险高等因素。选用Ⅰ型机械化配套能减少施工人员数量、降低劳动强度、改善作业环境，实现隧道快速安全施工。

5.3 设备选型

5.3.1 超前地质预报设备应根据超前地质预报设计方案配置，并应符合下列要求：
1 超前地质预报的方法应与施工方法相适应，并贯穿施工全过程。
2 超前水平钻探可根据探测需要选用凿岩台车、多功能钻机、中快速地质钻机，加深炮孔探测可采用凿岩台车。当有取芯要求时，应配置相应的钻具。
3 超前地质预报设备配置可按表 5.3.1 选用。

表 5.3.1 超前地质预报设备配置

类型	机械名称	规格	数量（台/套）			备注
			辅助坑道	单线	双线	
Ⅰ型	凿岩台车	2~4臂	1	1	1~2	共用设备
Ⅱ型	多功能钻机	—	1	1	1	共用设备

5.3.2 超前预加固作业机械设备选型应符合下列要求：

1 超前管棚、小导管、玻纤锚杆等钻孔作业可选用凿岩台车或多功能钻机，掌子面喷射混凝土封闭应采用混凝土湿喷台车。

2 掌子面预注浆作业宜配备高压力、大流量、低流速，且压力、流量可调、可传输注浆参数信息的注浆设备。

3 超前预加固设备配置及参数可按表5.3.2选用。

表 5.3.2 超前预加固设备配置及参数

类型	机械名称	规格	数量（台/套）			备注
			辅助坑道	单线	双线	
Ⅰ型	凿岩台车	2~4臂	1	1	1~2	
	混凝土湿喷台车	≥20m³/h	1	1	1~2	
	注浆台车或注浆泵	单双液、砂浆	1	1	1~2	
Ⅱ型	多功能钻机	—	1	1	1	
	混凝土湿喷台车	≥20m³/h	1	1	1~2	
	注浆泵	单双液、砂浆	1	1	1~2	

条文说明

本指南中超前支护设备结合郑万高铁湖北段工程实践确定，主要为凿岩台车、多功能钻机、注浆泵、注浆台车等。凿岩台车除炮眼钻孔外，兼具超前小导管、管棚、锚杆等钻孔功能，能够实现一机多用，具有钻孔速度快、劳动强度低、人力需求少等优势，但单机价格相对较高。为能够在施工过程中对注浆信息进行监控，注浆设备采用具备制配浆、注浆自动计量及记录、数据交换等功能的注浆台车。

5.3.3 开挖作业机械设备选型应符合下列要求：

1 Ⅰ型机械化配套应采用凿岩台车钻孔作业，优先配置全电脑凿岩台车。

2 Ⅱ型机械化配套宜采用多功能台架配合风动凿岩机进行钻孔作业。

3 遇水软化岩层或缺水地区宜采用气雾排渣方式钻孔作业。

4 装药作业可采用凿岩台车搭载散装乳化炸药单元或装药台车进行机械化快速装药。
5 开挖工序设备配置可按表5.3.3选用。

表5.3.3 开挖工序设备配置

类型	机械名称	规格	数量（台/套）			备注
			单线	双线	辅助坑道	
Ⅰ型	凿岩台车	2~4臂	1	1~2	1	
Ⅱ型	多功能台架	—	1	1	1	
	风动凿岩机	—	10~18	20~25	6~8	

条文说明

开挖机械设备主要为凿岩台车、多功能台架及风动凿岩机等。结合郑万高铁湖北段隧道施工实践，从不同设备的优缺点来看，凿岩台车作业相比于多功能台架配合风动凿岩机钻孔作业，具有掌子面人员少、安全风险低、劳动强度小、施工质量及工效提升等优势，但单机价格相对较高。由于人工成本逐步提高，新一代作业人员对作业环境的要求提高，风动凿岩机开挖作业会逐步减少使用。

5.3.4 装、运渣作业设备应根据断面大小、施工方法及工程进度等因素综合考虑，可选择有轨运输或无轨运输方式，并应符合下列要求：
1 装、运渣作业设备选型应遵循挖、装、运机械能力协调配套的原则，运输机械配置能力不应小于挖装能力的1.2倍。
2 采用无轨运输方式时，设备参数应符合下列要求：
1）装渣宜采用不小于$2m^3$的装载机、$150~250m^3/h$的大型挖装机或者铲铣机。
2）扒渣宜采用挖掘机。
3）自卸汽车额定载质量宜大于15t。
4）断面较小的斜井及平行导坑，装运设备的选型应与辅助坑道相适应。
3 正洞及平行导坑采用有轨运输方式时，设备参数应符合下列要求：
1）装渣可采用$150~250m^3/h$的大型挖装机或扒渣机。
2）牵引可采用电瓶车。
3）运渣宜采用容量不小于$16m^3$的梭式矿车或容量不小于$6m^3$的侧卸式矿车。
4 坡率在13%~47%范围的斜井运输，应符合下列要求：
1）坡率在13%~27%范围的斜井，可采用皮带运输机运输或有轨运输，装渣宜选用履带式挖装机、扒渣机，运渣应配置直径不小于2.0m的滚筒式提升机。
2）坡率在27%~47%的斜井，运渣应配置直径不小于2.5m的滚筒式提升机。
3）采用皮带运输机运输时，宜利用洞内破碎机进行破碎。
5 装、运渣工序设备配置及参数可按表5.3.4选用。

表 5.3.4 装、运渣工序设备配置及参数

机械化配套类型	设备名称	运载能力	数量（台/套）	
			单线	双线
Ⅰ型或Ⅱ型	挖掘机	1. 斗容量：≥1m³； 2. 额定载质量：≥20t； 3. 功率：≥100kW	1～2	1
Ⅰ型或Ⅱ型	装载机	1. 斗容量：≥2.5m³； 2. 额定载质量：≥5t	1	2
Ⅰ型或Ⅱ型 根据运距配置	运渣车	1. 额定载质量：≥25t； 2. 货箱容积：≥20m³； 3. 发动机功率：≥230kW	≥4	5

条文说明

装渣与运输机械选型遵循挖、装、运机械能力协调配套的原则。隧道断面较大时，挖装运机械采用大型装运机械出渣。无轨运输时，采用大吨位自卸汽车；有轨运输时，采用大功率电瓶车及大容量矿车及其配套的转运、卸载设备；断面较小的辅助坑道施工一般采用挖装机或扒渣机。本指南中装、运渣工序按无轨运输条件配置参数。

5.3.5 支护作业机械设备选型应符合下列要求：

1 软弱围岩段超前锚杆钻孔施工宜采用凿岩台车或锚杆台车。

2 注浆宜采用注浆台车或注浆泵，注浆台车或注浆泵应满足单液浆和双液浆注浆要求，注浆流量和压力应能单独控制，最大注浆压力应达到设计压力的1.5～2.0倍。

3 掌子面封闭宜采用混凝土湿喷机进行喷射混凝土施工。

4 锚杆施工宜采用凿岩台车或锚杆台车进行。锚杆台车应具备钻锚注一体化施工功能，并应满足先锚后注式、先注后锚式锚杆施工要求，注浆作业应配备注浆设备，满足注浆工艺及注浆质量要求。

5 钢架加工应配置专用弯曲成型加工机械。

6 钢架安装应采用拱架台车或多功能台架，拱架台车应满足单榀、多榀拱架安装需要，并适用于全断面法、（微）台阶法不同工况施工。

7 混凝土湿喷机应配备具有自动计量装置的混凝土搅拌站和搅拌运输车。

8 仰拱及填充施工宜使用自行式仰拱栈桥，栈桥有效跨度不宜小于24m。

9 隧道Ⅱ、Ⅲ级围岩地段较多时，当一座仰拱栈桥施工不能满足开挖进度要求时，宜增加一座简易仰拱栈桥，进行仰拱初期支护施工。

10 初期支护机械配置及参数可按表5.3.5选用。

表 5.3.5 初期支护机械配置及参数

机械名称	规格	数量（台/套） 单线	数量（台/套） 双线	适用机械化配套类型
全电脑凿岩台车/锚杆台车	2~4臂	1	1~2	Ⅰ型
注浆台车或注浆泵	—	1~2	1~2	Ⅰ型或Ⅱ型
拱架台车或多功能台架	—	1	1	Ⅰ型或Ⅱ型
混凝土湿喷机	≥20m³/h	1~2	2	Ⅰ型或Ⅱ型
风动凿岩机	—	1	1	Ⅱ型
注浆泵	单双液、砂浆	1~2	1~2	Ⅱ型
拱架台车或多功能台架	—	1	1	Ⅰ型或Ⅱ型

条文说明

本指南中提供的初期支护设备主要为凿岩台车、锚杆台车、多功能台架、拱架安装台车、混凝土湿喷机、注浆泵等。

混凝土湿喷机代替传统小型湿喷机进行湿喷作业，形成喷锚作业线，具有生产效率高、辅助设施少、喷射质量好、回弹率低、作业环境好、作业人员少、作业成本适低等优势；多功能台架可以实现多榀拱架同时预拼装，自动顶升、纵向推移就位，预拼装不占用工序循环时间，施工速度快、人员少、安全性能高；为实现仰拱与填充混凝土流水快速施工，减少工序间干扰，为浇筑后的仰拱填充提供充分养护时间，结合宜兴高铁联络线隧道仰拱作业实践经验，确定配置有效跨径不小于24m的自行式仰拱栈桥。

5.3.6 防排水作业机械设备选型应符合下列要求：

1 隧道初期支护基面处理及防水板铺设作业应采用具有防水板铺设、衬砌钢筋安装功能的综合作业台车。

2 防水板热熔垫片焊接宜采用超声波焊机或电磁焊机施工，防水板接缝焊接宜采用调温、调速式自动爬行焊接机施工。

3 防排水工序设备配置可按表5.3.6选用。

表 5.3.6 防排水工序设备配置

类型	机械名称	规格	数量（台/套） 辅助坑道	数量（台/套） 单线	数量（台/套） 双线	备注
Ⅰ型或Ⅱ型	防水板、钢筋作业台车	6~12m	—	1	1	
	防水板台车	6m	—	0~1	0~1	Ⅱ、Ⅲ级围岩占比不小于60%

5.3.7 衬砌浇筑及养护作业机械设备选型应符合下列要求：

1 衬砌混凝土应配置具有自动计量装置功能的混凝土搅拌站，并配备混凝土搅拌运输车、混凝土输送泵及衬砌台车等机械设备。

2 衬砌混凝土浇筑宜采用具有分仓入模、分层浇筑及振捣功能的衬砌台车，并宜具备混凝土灌注压力监测、拱顶饱满度测量、入模温度记录等功能，有条件时，可增设混凝土灌注方量测量功能。

3 隧道Ⅱ、Ⅲ级围岩分布较多，开挖与支护能力不匹配时，应增加防水板台车和衬砌台车，提高施工效率。

4 衬砌混凝土养护宜采用具备自动温控养护、养护数据记录与处理、养护参数实时可视化功能的自动养护台车。

5 衬砌浇筑及养护工序设备配置及参数可按表5.3.7选用。

表5.3.7 衬砌浇筑及养护工序设备配置及参数

类型	机械名称	规格	数量（台/套）			备注
			辅助坑道	单线	双线	
Ⅰ型或Ⅱ型	全自动搅拌站	75～180m³/h	1	1	1	
	混凝土运输车	5～12m³	3～5	3～5	5～9	根据运距配置
	混凝土输送泵	≥40m³/h	1	1～2	1～2	
	简易仰拱栈桥	≥18m	1	0～1	0～1	Ⅱ、Ⅲ级围岩占比不小于60%
	自行式仰拱栈桥	有效跨度不小于24m	—	1	1	
	衬砌台车	12m	—	1～2	1～2	Ⅱ、Ⅲ级围岩占比不小于60%时，配2台
	自动养护台车	—	—	1	1	

5.3.8 水沟电缆槽作业机械设备选型应符合下列要求：

1 水沟电缆槽作业宜采用整体式沟槽模板台车。

2 水沟电缆槽工序设备配置及参数可按表5.3.8选用。

表5.3.8 水沟电缆槽工序设备配置及参数

类型	机械名称	规格	数量（台/套）			备注
			辅助坑道	单线	双线	
Ⅰ型或Ⅱ型	沟槽模板台车	12m	—	1	1	

5.4 设备维保

5.4.1 铁路隧道施工机械设备应建立分级维保制度，日常维保应纳入工序化管理，强制落实维保计划，使设备处于良好的工作状态，安全稳定运转。

条文说明

铁路隧道机械设备需建立分级维保制度。

日常维护保养：班前班后由操作工人认真检查设备，擦拭各个部位和加注润滑油，使设备经常保持整齐、清洁、润滑、安全，并及时消除泄漏隐患。班中设备发生故障要及时排除，认真做好交班记录。

一级维护保养：以操作工人为主，维保人员辅助。按维保计划对设备进行局部拆卸和检查，清洗零件，疏通管路，更换磨损的零件，调整设备各部位的配合间隙，紧固设备各个部件。

二级维护保养：列入设备的检修计划，以维保人员为主，操作工人配合对设备进行部分解体检查和修理，更换或修磨零件，清洗、换油、检查修理电气部分，使设备技术状况达到完好要求。

设备维修人员每天要进行设备巡检，发现问题立即解决，避免无故拖延检修时间。

5.4.2 设备进行维护保养、例行检查之前应将机器固定、切断（关闭）动力源，并设围栏或竖立"保养进行中"警示牌，未确认停机不得维修。维保过程应有防止误操作的警示牌及相关措施，确认所有维护保养及例行检查作业完成后，方可供给动力。

5.4.3 设备进行维护保养应确保机器处于安全、通风及采光状况良好的场所，起重设备和工作台应与机器重量匹配，并应配备安全作业指导书和必要的防护设备。

5.4.4 液压系统维修时，应关闭电源、卸压，不得带压操作。

5.4.5 维修保养工作应由专业人员进行，并严格按照设备维保操作要求执行。

6 超前地质预报与掌子面稳定性评价

6.1 一般规定

6.1.1 铁路隧道机械化施工应开展超前地质预报工作，并作为工序纳入施工组织管理，利用预报成果及时指导施工。

6.1.2 超前地质预报实施单位应在开工前结合超前地质预报设计方案，编制超前地质预报实施细则，按程序审查，经批准后组织实施。

6.1.3 超前地质预报应进行地质复杂程度分级，确定重点预报地段，并应遵循动态调整的原则，根据预报的地质情况，及时调整地质复杂程度分级、预报方法和技术要求。

6.1.4 超前地质预报可采用地质调查与勘探相结合、物探与钻探相结合、长距离与短距离相结合、地面与地下相结合、超前导坑与主洞探测相结合等方法，对各种方法预报结果综合分析，相互验证，提高预报准确性。

6.1.5 铁路隧道机械化施工应根据超前地质预报资料和掌子面揭示的地质条件，核查与掌子面稳定性评价有关的地质参数，重点核查结构面产状、发育程度、结合程度等特征及地下水状态。

6.1.6 掌子面稳定性评价宜采用定性与定量相结合的方法，综合分析确定掌子面稳定性类别。

6.2 超前地质预报

6.2.1 铁路隧道工程机械化施工超前地质预报的方法应与施工机械配套相适应。

6.2.2 超前地质预报方法可采用地质调查法、超前钻探法、物探法等。超前地质预报应以地质调查法为基础，结合物探、超前钻探等方法进行综合预报。

条文说明

地质调查通过观测、量测掌握开挖后的掌子面状况和隧道周边围岩动态，前方探测施工时从洞内外掌握掌子面前方的围岩状态，对断层、破碎带等不良围岩区间进行事前掌握，是提高事前调查精度并反馈设计施工而进行的重要工作。在机械化、信息化、数字化施工中，获得可靠的地质信息非常重要，超前钻探则是获取掌子面前方围岩地质信息的重要途径，通过观测、量测、试验、钻探等综合超前地质预报技术是应用最多、可靠性最大，也是获取信息量最多、最丰富的方法。

6.2.3 中短距离超前地质钻探应优先采用凿岩台车、多功能钻机等机械设备，并应符合下列要求：

1 Ⅰ型机械化配套施工的隧道宜采用全电脑凿岩台车进行超前钻探，自动采集钻进速度、扭矩、压力等随钻参数，经数据分析，形成超前地质钻探成果记录。

2 Ⅱ型机械化配套施工的隧道宜采用多功能钻机进行超前钻探。

3 采用全电脑凿岩台车超前钻探钻孔深度宜小于30m，前后两循环钻孔应重叠5~8m。

4 采用全电脑凿岩台车炮眼加深钻孔深度应较爆破孔（或循环进尺）深3m以上。

条文说明

根据机械能力和钻孔要求，掌子面超前钻孔多采用短~中长的钻孔。中短距离钻孔的优点是可以用凿岩台车钻孔，超前地质钻探可采用冲击钻和回转取芯钻，二者合理搭配使用，提高预报准确率和钻探速度，减少占用开挖工作面的时间。

6.2.4 隧道存在发生涌水、突泥风险的地段应进行超前钻探，超前钻探时应配备防突装置。

条文说明

富水区实施超前地质预报钻孔作业，要先安设孔口管，并将孔口管固定牢固，装上控制闸阀，进行耐压试验，达到设计承受的水压后，方可继续钻进。

富水区隧道地质超前钻探发现岩壁松软、片帮或钻孔中的水压水量突然增大，以及有顶钻等异常情况时，要停止钻进，立即上报并派人监测水情。如发现情况危急时，立即撤出所有受水威胁地区的人员，然后采取措施，进行处理。

6.2.5 岩溶隧道应按照设计要求对隧底和洞周进行隐伏岩溶探测，探测方法应符合设计要求。设计无要求时应采用钎探和地质雷达相结合的方式，钎探设备的选择宜符合下列规定：

1 Ⅰ型机械化配套施工的岩溶隧道可采用全电脑凿岩台车进行钎探。

2 Ⅱ型机械化配套施工的隧道可采用多功能钻机或风动凿岩机进行钎探。

条文说明

岩溶地区优先开展岩溶重点发育地段隧道周边隐伏岩溶探测工作，采用综合物探查明隧底隐伏岩溶洞穴的位置、规模，根据物探资料布置验证钻孔。结合钻探验证结果修订物探异常成果图，作出预测隐伏岩溶图。

6.2.6 存在隧道涌水、突泥风险时，预报应探明可能发生涌水、突泥地段的位置、规模、物质组成、水量、水压等，并分析评价其对隧道的危害程度。

6.3 掌子面稳定性评价

6.3.1 掌子面稳定性宜分为稳定（LS）、暂时稳定（TS）、不稳定（US）三种类别。

6.3.2 掌子面稳定性定性评价宜按图6.3.2所示流程进行。

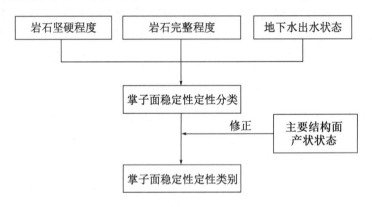

图6.3.2 掌子面稳定性定性评价流程图

6.3.3 掌子面开挖揭示的地层岩性、地质构造、结构面产状、地下水出露点及出水状态、出水量、溶洞等应采用地质素描记录表进行描述。掌子面地质素描可按表6.3.3进行描述。

表6.3.3 掌子面地质素描记录表

项目名称：　　　　　施工里程：　　　　　日期：

编号	内容	状态描述				
1	掌子面尺寸	开挖宽度(m)	开挖高度(m)	开挖面积(m^2)	开挖方式	其他：
2	掌子面状态	稳定	正面掉块	正面挤出	正面不能自稳	其他：

表 6.3.3（续）

编号	内容	状态描述				
3	毛开挖面状态	自稳	随时间松弛、掉块	自稳困难要及时支护	要超前支护	其他：
4	岩石强度（MPa）	>60	30~60	15~30	5~15	<5
5	风化程度	微风化	弱风化	强风化	全风化	其他：
6	裂隙宽度（mm）	>5	3~5	1~3	<1	其他：
7	裂隙形态	密集	部分张开	开口	夹有黏土	其他：
8	涌水状态	无水	渗水	整体湿润	涌出或喷出	特大
9	围岩级别划分					
附图			掌子面描述：			

6.3.4 掌子面稳定性定性分类应根据掌子面岩石坚硬程度、岩体完整程度、地下水出水状态、岩层产状与隧道轴向关系等因素综合确定，并应符合表 6.3.4 的规定。

表 6.3.4 掌子面稳定性定性分类表

围岩级别	掌子面稳定性类别		
	稳定（LS）	暂时稳定（TS）	不稳定（US）
Ⅲ	1. 极硬岩、较破碎、无水或滴状； 2. 硬岩、较完整、无水或滴状或线流状； 3. 较软岩，完整、无水或滴状	—	—
Ⅳ	1. 极硬岩较破碎、线流状； 2. 硬岩、较完整、润流状； 3. 较软岩、完整、线流状； 4. 较软岩、较完整，无水或滴状； 5. 软岩、完整或较完整、无水或滴状	1. 极硬岩、较破碎、涌流状； 2. 极硬岩、破碎、无水或滴状； 3. 硬岩、破碎或较破碎、无水或滴状； 4. 较软岩、完整、润流状； 5. 较软岩、较破碎、无水或滴状	—
Ⅴ	—	1. 极硬岩、破碎、线流状； 2. 硬岩、较破碎或破碎、线流状； 3. 较软岩、较完整或较破碎、线流状； 4. 较软岩、破碎、无水或滴状； 5. 软岩、完整或较完整、线流状； 6. 软岩、较破碎或破碎、无水或滴状	1. 硬岩、较破碎、涌流状； 2. 较软岩、较完整或较破碎、涌流状； 3. 较软岩、破碎、线流状； 4. 软岩、破碎、线流状； 5. 软岩、涌流状； 6. 全部极软岩； 7. 破碎、涌流状； 8. 全部极破碎围岩； 9. 当岩层产状倾斜、隧道轴线走向与岩层走向相同时

6.3.5 掌子面稳定性定性分析结果与实际结果不一致时，应进行现场地质条件复核，并根据隧道净空变化及拱顶沉降等监测数据成果重新进行分析评价。

条文说明

　　日常监控量测所收集到的数据，绘制位移时态曲线。当位移曲线出现急剧增长或数据上下波动较大时，说明围岩与支护结构处于不稳定状态，需加强监控量测。当曲线趋于平缓，数据变化不大，且位移总量没有超过控制基准时，说明围岩与支护结构处于稳定状态。

7 开挖

7.1 一般规定

7.1.1 钻爆法机械化施工应根据工程环境、地质条件、施工工法及机械设备等因素选择合理的开挖方法和开挖步骤，确定适宜的循环进尺及施工速度。

7.1.2 开挖作业应尽量减少对围岩的扰动，保护围岩的自承能力。岩石隧道钻爆开挖应采用光面爆破技术，控制循环进尺及一次同时起爆药量。

7.1.3 钻爆法机械化开挖应根据地质岩性、开挖断面、开挖方法、掘进循环进尺、钻眼机具、爆破器材及环境要求进行钻爆设计。同时，钻爆设计应根据爆破效果动态调整爆破参数。

7.1.4 隧道开挖断面应以包括预留变形量在内的设计轮廓线为基准，综合贯通测量误差和施工误差等因素应适当放大。

7.1.5 钻爆法开挖轮廓线应运用测量技术手段准确控制。

7.1.6 爆破作业不得危及支护结构、机械设备及人员的安全。采用Ⅱ型机械化配套钻孔及装药作业应分区定人，爆破后应及时清理危石，确保后续作业安全。

7.1.7 隧道双向开挖时，工作面相距小于5倍洞径时，应加强联系并统一指挥；工作面距离接近3倍洞径时，应采取一端掘进另一端停止作业并撤走人员和机具的措施，同时在安全距离处设置禁止入内的警示标志。

条文说明

隧道双向开挖接近贯通面时，规定的两工作面距离是根据隧道爆破力的影响范围，并考虑了断面大小因素。对于土质或岩层破碎的隧道，还需按现行行业标准《铁路隧道工程施工安全技术规程》（TB 10304）的要求适当加大预留贯通的安全距离。

7.1.8 铁路隧道机械化施工应采取技术及管理措施控制超欠挖，减少因机械设备操作造成的超欠挖扩大。

7.2 钻爆设计

7.2.1 钻爆设计应符合下列要求：

1 应设计掏槽眼、辅助眼、周边眼和底板眼的布置、深度、斜度和数量。
2 应设计爆破器材、装药量和装药结构，起爆方法和爆破顺序。
3 应明确钻眼机具和钻眼要求，主要技术指标及必要的说明等。

7.2.2 掏槽眼的形式应根据钻眼机具、隧道断面大小、循环进尺、围岩级别以及爆破振动等要求选择，机械化施工掏槽眼应符合下列要求：

1 凿岩台车大断面施工掏槽眼宜采用楔形掏槽，角度应根据臂架长度、断面大小、循环进尺等设计。
2 单线隧道或小断面施工宜采用楔形掏槽或直眼掏槽。
3 楔形掏槽眼的布置可按图7.2.2进行设计。

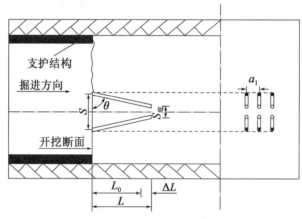

图 7.2.2 楔形掏槽眼布置图

7.2.3 岩石隧道光面爆破参数应通过试验确定，当无试验条件时，有关参数可按表7.2.3选用，并根据前序爆破效果进行优化调整。

表 7.2.3 岩石隧道光面爆破参数建议表

岩石类别	周边眼间距 E (cm)	周边眼抵抗线 W (cm)	相对距离 E/W	装药集中度 q (kg/m)
极硬岩	50~60	55~75	0.8~0.85	0.25~0.40
硬岩	40~55	50~60	0.8~0.85	0.15~0.25
软质岩	30~45	45~60	0.75~0.8	0.04~0.15

注：1. 表列参数适用于炮眼深度1.0~3.5m，炮眼直径40~60mm，药卷直径20~35mm。
2. 断面较小、围岩软弱破碎及对开挖成型要求较高时，周边眼间距 E 应取较小值。
3. 周边眼抵抗线 W 值应大于周边眼间距 E 值。软岩取较小的 E 值时，W 值应适当增大。软岩时 E/W 取小值，硬岩及小断面时 E/W 取大值。
4. 装药集中度 q 以装药长度的平均线装药密度计，施工中应根据炸药类型和爆破试验确定。

7.2.4 炮眼布置应符合下列要求：

1 光爆层周边眼应沿隧道开挖断面轮廓线布置，辅助眼布置应满足周边眼最小抵抗线要求。

2 硬质岩周边眼的轮廓线定位应处于断面设计轮廓线，软岩周边眼的轮廓线应适当向内收缩。

3 周边眼眼口位置误差不应超过±5cm，眼底不超过开挖断面轮廓15cm。

4 其余辅助炮眼应交错均匀布置在光爆层内圈眼与掏槽眼之间，间距应满足爆破岩石块度的需要。

7.2.5 光面爆破应结合现场实际进行试验，宜采用聚能水压爆破或"长短眼结合钻孔"工艺，优化装药结构，采用连续装药、间隔装药相结合的装药结构。

条文说明

聚能水压光面爆破与常规光面爆破工艺大致一致，聚能水压光面爆破装置中的聚能槽产生高温、高压、高速聚能射流，水楔作用进一步增强了膨胀气体准静压力，较之常规光面爆破，炮眼间距可以增大到60~80cm，炮眼装药顺序和结构有所不同，需要提前加工炮泥、准备水袋，用炸药填充好聚能管装置。

在角度一定的情况下，循环进尺越长，端部偏离越大，如果只控制孔底处的偏移量，则掌子面处的欠挖量又会加大，反之亦然。采用长短孔控制技术能起到较好的控制作用，短孔的钻孔长度应超过长孔与开挖轮廓线的交点才能确保长短孔交界处不出现欠挖现象。如果短孔爆破后超过交界处，则会出现超挖现象，短孔太短则达不到控制欠挖的目的。所以短孔钻孔长度理论上超过交界处20~30cm为宜。长孔布置在短孔的内侧，间距根据不同的围岩控制在8~10cm，如果采用的钻头尺寸较大，则孔眼间距可以根据钻孔直径适当放大。

7.2.6 钻孔参数应根据超前地质预报资料3D扫描软件的断面数据，上一循环开挖断面超欠挖情况及前方围岩情况进行综合分析和动态调整，并将调整后的参数录入电脑。

条文说明

超欠挖控制应根据爆破效果，对成形未达到要求的炮眼应及时修正爆破参数，并根据节理裂隙发育、岩石软硬情况修正周边眼间距与用药量。同时，应根据开挖面凹凸情况、石渣的块度大小修正钻眼深度、角度和正装药结构，做到"岩变我变"。

7.2.7 钻孔进尺应根据围岩级别变化及其自稳能力控制循环进尺，并及时调整，全断面和微台阶法各级围岩循环进尺可按表7.2.7进行控制。

表 7.2.7 各级围岩循环进尺参考

围岩级别	Ⅱ级	Ⅲ级	Ⅳ级		Ⅴ级	
			一般地段	特殊地段	一般地段	特殊地段
循环进尺（m）	4.0~5.0	3.5~5.0	2.0~4.5	2.0~3.0	1.5~3.0	1.2~2.4

注：特殊地段指有环境要求及地下水发育的软质岩、极软岩、极破碎岩、膨胀岩等地段。

条文说明

微台阶施工宜优先考虑上、下台阶同时爆破成型的施工方法，开挖时上、下台阶同时打眼，采用微差爆破，先起爆下台阶，再起爆上台阶。

7.3 钻爆作业

7.3.1 采用Ⅰ型机械化配套施工的隧道宜选用全电脑凿岩台车配备的导线定位系统进行放样布孔，采用Ⅱ型机械化配套的隧道可采用传统测量放样确定开挖轮廓。

7.3.2 铁路隧道机械化钻爆开挖施工准备应符合下列要求：
1 凿岩台车就位前，应对作业面基底进行平整处理，隧底应密实可靠，满足凿岩台车承载力要求，并应保持掌子面至仰拱段临时水沟畅通。
2 凿岩台车定位控制点应每循环检查，发生位移、损坏，应及时调整。
3 施工前，应根据围岩岩性、类别、等级情况进行试钻，确定冲击压力、推进压力、旋转压力等参数。
4 上一循环支护应预留一定工作面，以保证下一循环掌子面周边眼钻孔起眼点外插角度准确。

7.3.3 铁路隧道机械化施工测量放样应符合下列要求：
1 每隔50m左右，采用全站仪对开挖轮廓线和关键孔位点进行放样并标记，用于验证凿岩台车自动扫描定位功能的准确性。
2 人工测量放样开挖轮廓线时，应由2名测量人员通过多功能钻孔台架或凿岩台车的工作吊篮臂，按钻爆设计或技术交底要求的开挖轮廓线放样，并标记红色记号。

7.3.4 全电脑凿岩台车就位应符合下列要求：
1 全电脑凿岩台车配有导航定位系统时，应根据隧道内埋设的导线控制点自动定位。
2 不具备炮眼自动定位功能的凿岩机宜采用人工辅助定位对孔。
3 钻孔前，应调整台车高度，完成接通水、电设施等工作。

7.3.5 钻孔作业应符合下列要求：

1 爆破炮眼数量、位置、深度及斜率应符合钻爆设计要求。

2 全电脑凿岩台车钻孔过程中应实时记录每个钻孔的位置、深度、角度、推进压力、推进速度等参数，钻孔完成后宜自动生成作业日志。

3 全电脑凿岩台车应自动开启防卡钻、防空打、开钻模式，双机作业时应根据设计图做好钻孔顺序，防止打眼过程中机械臂出现相互干扰和碰撞、重复钻孔、串孔等。

4 岩层较破碎地段钻眼应采用低冲击力、慢推进方式，直到易于控制钻进方向为止，大机臂架系统宜每隔5个循环校核一次。

5 掏槽眼眼口间距和眼底间距允许误差±5cm，辅助眼眼口间距允许误差±10cm，周边眼眼口位置允许误差±5cm，眼底不得超出开挖断面轮廓线15cm。

6 钻孔作业高度超过2m时应配备与开挖断面相适应的作业台架。

7 开挖面凹凸较大时，应按实际情况调整炮眼深度及装药量，使周边眼和辅助眼眼底位于同一垂直面上。

8 钻眼完毕应根据炮眼布置图进行检查并做好记录，对不符合要求的炮眼应重钻，经检查合格后方可装药。

9 钻孔时，应安排人员及时抽排掌子面积水，保证后续作业顺利进行。

10 钻孔完成后，掌子面底板虚渣、积水应及时清理。

7.3.6 铁路隧道机械化施工装药及爆破应符合下列要求：

1 凿岩台车钻孔时振动大、用水量大、对围岩扰动大，装药前应对掌子面彻底排险。

2 人工装药宜选择在凿岩台车钻臂前端安装可拆卸快速作业筐装药或多功能台架装药。

3 采用机械化装药技术应配备散装乳化炸药，并进行室内炸药敏化试验，掌握不同润滑剂掺量下炸药的密度与时间关系，确定最佳装药时间和爆破时间。

4 掏槽眼和周边眼应采用不同装药结构形式，掏槽眼应采用连续装药结构，周边眼宜采用孔底装药或间隔装药结构。

5 处理瞎炮（残炮）应在爆破员指导下进行，并应在当班处理完毕，当班未能处理完毕不得进行后续作业。

条文说明

采用机械化装药需利用凿岩台车加装装药单元配合使用散装乳化炸药，从而实现机械化快速装药。机械化装药所需主要材料包括散装乳化炸药、润滑剂、活性剂、导爆管、起爆器等，对拟用的散装乳化炸药、润滑剂、活性剂需按批次进行室内敏化效果试验，掌握润滑剂不同掺量下的炸药密度与时间关系，确定最佳装药时间和爆破时间。

7.3.7 全电脑凿岩台车单作业面施工人员、设备可按表7.3.7-1和表7.3.7-2配置。

表 7.3.7-1 凿岩台车单作业面施工人员配备

作业工序	人员配置	数量（人）		备注
		单线或辅助坑道	双线	
凿岩台车作业	作业人员及台车司机	3~5	5~7	

表 7.3.7-2 凿岩台车单作业面机械设备配备

机械名称	规格或功率	数量（台）		备注
		单线或辅助坑道	双线	
全电脑凿岩台车	2~4 臂	1	1~2	
高压电缆	95mm	1	2	
移动变压器	800kVA	1	1	
高压水管	φ100mm	按长度确定	按长度确定	

7.3.8 铁路隧道机械化钻爆法开挖的爆破效果应符合下列要求：

1 硬岩应无剥落，中硬岩宜基本无剥落，软弱围岩宜无大的剥落或坍塌。开挖轮廓应符合设计要求，开挖面应平整。

2 隧道两次爆破形成的接茬错台，采用凿岩机钻眼，不应大于 15cm，采用凿岩台车钻眼不应大于 25cm。

3 爆破进尺应达到钻爆设计要求，渣块块度应满足装运要求。

4 隧道爆破的周边炮眼痕迹保存率，硬岩不应小于 80%，中硬岩不应小于 60%，并应在开挖轮廓面上均匀分布。

5 隧底开挖宜采用仰拱定位台架（人工钻眼）或其他措施，按照开挖轮廓线精准钻孔并严格控制钻孔角度。

6 应采用缩小底部炮眼间距、弱爆破等措施，减小爆破对隧底围岩的扰动，减少超挖，不得欠挖。

7.3.9 全断面、台阶法施工宜实行拱墙带仰拱一次爆破成型工艺，不得半幅开挖。

7.3.10 隧底开挖应针对不同的岩性进行控制爆破专项设计，应采用缩小底部炮眼间距、弱爆破等措施，减小爆破对隧底围岩的扰动，减少超挖，不得欠挖，避免边墙钢架底部悬空。

7.3.11 仰拱开挖应遵循随挖随支的原则，及早使初支封闭成环。

7.3.12 长大隧道爆破时，设备距爆破作业点的距离应不小于 500m，并能防止飞石、冲击波对设备造成损伤。

7.3.13 铁路隧道机械化施工掌子面宜采取雾化降尘技术或隧道除尘车，缩短爆破后通风作业时间。

条文说明

掌子面采用聚能水压光面爆破技术，爆破时产生的水雾能够起到雾化降尘作用。在掌子面开挖台阶上安装水幕除尘器，爆破前5min打开水幕除尘装置，向前喷射出的扇形水雾能够覆盖掌子面的大部分空间，能够从源头上大幅度降低爆破烟尘，从而有效缩短爆破后通风时间，长大隧道也可选用隧道除尘车进行除尘。

7.3.14 爆破后应及时进行通风排烟，排除掌子面可能存在的盲炮及其他安全隐患。

7.3.15 通风及排险完成后，施工人员应对掌子面开展地质素描，测量人员应对掌子面开挖轮廓进行3D扫描。

7.4 超欠挖控制

7.4.1 软岩隧道可采用铣挖工装进行洞身轮廓修整，控制超欠挖。机械装备应根据不同的工况与条件配备不同的液压马达与铣刨鼓和切削齿，开挖和修整宜按自下而上、中间向周边、先硬后软的原则进行。

条文说明

铣挖法是近年来兴起的一种施工方法，将铣挖机安装在液压挖掘机上，用于隧道局部开挖或修整轮廓、超欠挖处理等。不同型号的铣挖机可适应不同硬度的地层，一般在中低硬度的岩石中开挖量可达 $25\sim40m^3/h$，也可铣挖无钢筋或有少量钢筋的混凝土。采用铣挖机可较好解决超欠挖问题，准确地修整开挖轮廓，有利于降低造价，控制施工成本。

7.4.2 铁路隧道机械化施工超欠挖控制，应采用下列技术措施：
1 炮眼间距及用药量应根据节理裂隙发育和岩石软硬情况进行修正，特别是周边眼间距与用药量。
2 根据监控量测数据调整不同围岩的预留变形量，应合理调整开挖半径，控制开挖轮廓线。
3 周边轮廓线和炮眼的放样宜采用全站仪等先进测量仪器，人工放样周边轮廓线的放样允许误差宜为±2cm。全电脑凿岩台车自带的定位放样系统应及时复核校准。
4 周边眼宜采用长、短眼环向交叉布置，利用短眼控制长眼爆破后部的欠挖。
5 应在保证掌子面安全的前提下预留1~2榀拱架空间，减少钻杆外插角。

6 隧道开挖爆破完成后应立即进行初喷作业，在钻设锚杆孔时同步施作下一循环炮眼，实现锚杆钻孔和开挖钻孔同步作业，确保凿岩台车有足够的钻孔作业空间，减小钻眼时的外插角度。

7 硬岩钻孔时宜在凿岩台车上加装纠偏装置控制超挖，周边眼钻孔时可选用纠偏诱导技术，通过诱导机构使钻杆钻进过程呈弧形，使钻头实现向内偏移，达到控制超欠挖效果。

8 软弱围岩隧道超欠挖控制可采用铣爆结合工艺，开挖轮廓线内侧应预留一定厚度岩体，采用铲铣机清理周边达到设计轮廓线。铲铣头宜采用快速更换装置，实现"一机多用"功能。

9 全电脑凿岩台车钻孔应减小台车沉降误差和臂架结构误差，提高钻孔精度。

10 凿岩台车电脑推进压力、推进速度、旋转压力等钻孔参数应根据岩石具体情况调整，确保钻杆平稳按设计炮眼的角度推进。

11 周边眼宜采用聚能水压爆破，提高光爆效果，控制超欠挖。

条文说明

测量人员每循环对开挖断面超欠挖进行测量，收集光面爆破效果信息，并及时反馈。周边眼开眼位置需视围岩软硬调整，硬岩在轮廓线上，软岩可向内偏移 5~10cm。要尽量减小周边眼外插角度，当孔深小于 3m 时，外插角的允许斜率优先选择孔深的 ±5%；孔深大于 3m 时，外插角斜率优先选择孔深的 ±3%；外插角的方向要与该点轮廓线的法线方向一致。

采用凿岩台车开挖钻孔时，由于凿岩台车推进梁设计限制，立拱架段钻周边眼时易出现外插角度过大问题，造成超挖严重，所以在需要立拱架的Ⅳ、Ⅴ级围岩中，周边眼采用长短眼结合的形式，环向交叉布置，按照先钻短眼、后钻长眼的顺序组织实施，短眼控制前面一榀拱架的超挖，长眼控制后面 1~2 榀拱架范围的超挖，从而实现超欠挖控制目标。

7.4.3 施工全过程应加强全员技术培训与教育学习，并制定相应的考核制度，加强隧道超欠挖及混凝土用量的现场管控。

条文说明

加强现场管理，严格考核制度是控制隧道超前挖的重要管理举措。项目部要成立隧道超欠挖考核管理领导小组，对超欠挖进行考核。按"周""月"定期组织会议，查找超欠挖管理过程中存在的问题，及时优化考核制度，落实主体责任，保证考核顺利推进。

施工项目部要根据现场隧道开挖情况，结合3D扫描数据，每月对实耗混凝土进行统计分析，制定"隧道超欠挖及混凝土用量考核办法"考核制度，每月根据超欠挖情况与应耗混凝土数量对比情况，对排名较差隧道架子队、工班或个人进行考核，并及时奖罚兑现。通过超欠挖情况的月度总结，表彰先进，处罚落后，激励司钻人员学习进步，提高操作水平。项目管理人员管理理念要由"宁超勿欠"向"减少超挖"或"允许少量欠挖，后续处理"改进。企业要注重凿岩台车操作人员和爆破技术人员等一线人员人才的培养，通过组织培训和交流，进一步提高一线人员的业务水平，更好地服务现场。

8 装渣与运输

8.1 一般规定

8.1.1 装渣运输作业应实现装渣与运渣效率相匹配、装运设备配套能力高效，缩短工序循环时间。

条文说明

隧道工程施工中出渣速度的快慢，直接影响着掘进的效率。在某铁路隧道施工中，采用无轨运输出渣并配合凿岩台车已创造出月成洞300m以上的记录。但大型施工机械台班费用都比较高，准确确定施工机械间的最佳组合、减少延误或等待时间，提高生产率，是降低机械化施工成本的关键。

8.1.2 隧道施工装渣运输方式应根据隧道长度、断面大小、坡度、施工方法、机械配套及施工进度等要求综合考虑，可选择无轨运输方式、有轨运输或皮带运输方式，应充分考虑与隧道运输需要相适应。

8.1.3 隧道装渣与运输设备选型和配套数量应根据隧道断面、距渣场距离和装渣速度等参数综合确定。

条文说明

装、运渣设备外形尺寸要确保满足隧道断面及配套要求。洞内挖装运设备优先采用新能源设备，自卸车配置数量主要针对现场正在装运和等待的数量，具体配置总数量需根据运距和开挖方量进行计算，合理配置。

8.1.4 隧道施工运输线路的空间应满足行车限界要求，设置警示标志标牌及声光信号。

条文说明

各类机械装备要根据隧道断面大小、作业面数量、设备功率匹配性、行走空间的安全性、设备作业半径、作业范围等指标综合确定。各类开挖、支护设备，其转弯半径需与辅助坑道至正洞、正洞与调转洞室的角度、高度、坡度相配套。正洞过渡交叉口地段、各类门架和台车要具有良好的通过性。

正洞过渡交叉口地段需较设计尺寸加大不少于50cm，地面与正洞仰拱和底板要提前顺坡，避免突然过渡影响通行；双车道辅助坑道需考虑双通风管道对行车通道的影响，采取必要的防刮保护措施。

自行式仰拱栈桥、防水板钢筋台车、衬砌模板台车、沟槽台车等装备的通行空间需满足凿岩台车、拱架安装机、锚杆钻注一体机、湿喷台车通行要求，两侧及四周预留20cm的安全距离，并根据通风管道的布置，在同一侧高程位置预留好通风管道穿越空间。

8.1.5 隧道运输应建立运输调度制度，根据施工进度编制运输计划，制定运输管理规定，统一协调组织，提高运输效率，确保工程运输安全。

条文说明

隧道无轨运输配套设备种类及数量较多，施工机械及车辆出入隧道频繁，加之洞内运输空间受限、照明亮度不足、空气质量较差等原因，容易引发运输安全事故。因此，需加强施工机械运输调度管理，制定车辆管理办法，严格履行车辆进场检验制度，加强机械设备的日常安全检查和维修保养，坚持定人定机与持证上岗，严格执行机械设备操作规程，杜绝违章操作、违章指挥和违反劳动纪律，杜绝酒后驾车与疲劳驾驶和车辆设备带病运行。

8.1.6 装渣及运输机械的使用、管理、维护和保养，应严格执行有关规定，保证机械使用安全，正常运转，防止发生机械事故。

8.2 装渣作业

8.2.1 全断面开挖装渣应采用大容量侧卸装载机或挖装机。台阶法施工上台阶宜采用长臂挖掘机扒渣，下台阶宜采用装载机或挖掘机装渣。

8.2.2 独头掘进较长的隧道，应根据技术经济及弃渣条件比选确定装渣方案，可采用转渣倒运的方式。

8.2.3 受断面条件限制的单线隧道或辅助坑道隧道可采用履带式扒渣机配合自卸汽车进行装渣运输作业。断面较大时，应选择装载机装渣、大功率自卸车或电瓶车出渣。

条文说明

　　扒渣机是隧道和坑道中常用的装渣设备之一，适用于断面条件受限制的单线隧道或辅助坑道，挖装工作机构是其最关键部件之一，其设计与制造的质量直接决定了扒渣机的工作性能与工效。挖装机构在回转油缸的驱动下，可绕整机中心轴线左右回转，从而满足装载和挖装宽度要求；在大臂和小臂动力油缸的驱动下，实现大臂、小臂在垂直面内的升降动作，以满足装载和挖装高度要求；挖斗在其油缸的作用下，可绕自身转轴旋转，以满足灵活装载和挖装功能的要求；扒渣机也可实现对大块岩石破碎，开挖排水沟和电缆沟槽、修复整平底板等作业。

8.2.4 自卸汽车工作面装渣作业应符合下列要求：
　　1　待装车的汽车应停在挖掘机最大回转半径范围之外，正在装车的汽车应停在挖掘机尾部回转半径之外。
　　2　正在装载的运输车应制动，驾驶员不得将身体的任何部位伸出驾驶室外，其他人员不得上、下车和检查维修车辆。
　　3　运输车在挖装机械发出信号后，方可进入、驶出装车地点。
　　4　等待装车时，车辆之间应保持一定的安全距离。

8.2.5 应优先选择排污达标、噪声小的机械，洞内柴油机械应加设消烟净化装置或掺入柴油净化添加剂，高原隧道或特殊隧道宜采用新能源装渣运输设备。

8.2.6 洞内装渣与运输应结合隧道通风除尘设备情况，从"减""降""排""除""阻"等方面降低粉尘危害，提高施工效率。

8.3　运输作业

8.3.1 运输车辆应定期检查制动、转向系统和安全装置的完好性，大型自卸汽车应设置示宽灯或标志。

8.3.2 斜井内长距离坡道运输系统，应在适当位置设置应急避险设施。

8.3.3 施工中仰拱填充、仰拱初期支护应及时施作，仰拱栈桥宜适时跟进开挖作业面，改善洞内运输路面条件。

8.3.4 无轨运输隧道出渣应利用隧道信息化管理系统，以信息化加工区/班组、互联网等为载体，充分利用信息化调度系统，对出渣车辆进行定位与调度，提高车辆利用效率。

条文说明

借助信息化调度管理系统将隧道施工的各个工序作为管理对象，能够实现隧道施工工序的自动分配、人员通知和自动考勤等功能。

利用隧道车辆的定位功能，实时监控洞内车辆和避车会让的位置，在车辆驾驶室增装实时显示设备，让驾驶员了解前方车辆的精准位置；通过洞口调度指挥平台和智能监控系统，给驾驶员提出车辆行驶、避让的建议；在洞口值班室与车辆驾驶室之间建立无障碍沟通，实现值班人员与驾驶员之间、驾驶员与驾驶员之间语音通话；通过调度系统监控车辆信息，对车辆的使用状态、修理状态进行实时监控，便于车辆的调度、管理，同时还可实时监控车辆的油耗情况、按周月分析车辆的运转时间、维修次数、油耗等信息，提高机械设备的利用率。

8.3.5 自卸汽车运输应符合下列要求：

1 施工作业地段的行车速度不得大于15km/h，成洞地段不得大于25km/h。在视线不良的曲线上，以及通过岔道和洞口平角道等处时，行车速度不得大于10km/h。

2 正洞单线隧道及辅助坑道可结合避车洞位置，每间隔150～300m设置汽车调头位置，掉头洞尺寸应满足洞内通用机械转弯半径，不宜小于5m（深）×5.5m（宽）×4.5m（高）。平导错车道应结合断面尺寸和机械情况确定位置，间距不宜大于150m。

3 自卸汽车卸渣时，应将车辆停稳制动，不得边卸渣边行驶；不得在坑洼、松软、倾斜的地面卸渣；卸渣后应及时使车厢复位，不得举升车厢行驶。

8.3.6 陡坡斜井采用有轨运输系统时，其提升设备应包括矿车、钢丝绳、绞车以及天轮等，侧卸式矿车斗容量、敷设道岔及出渣运输车辆数量等宜根据专用调车设备和隧道掘进长度进行合理配套。

条文说明

斜井有轨运输系统主要承担着出渣、进料（混凝土、锚喷料等）的繁重任务。其能力的大小取决于有轨运输系统的前期方案优选和合理设计，尤其是投入设备的先进性、配套性。

某隧道斜井采用有轨运输进行隧道洞内出渣和进料，提升设备的设计重点考虑以下因素：

矿斗车容积。矿斗车容积是由斜井工期倒算测定的，计算斗车容量时要坚持经济、合理、有效，并留有一定富余系数的原则。

提升速度。矿车运行速度取决于提升机的提升能力，提升速度受到轨道质量、轨距、行车平稳性等方面制约。

提升机。提升机要根据一次提升车数、提升容器及连接装置自重、提升器的有效载重，斜井倾角，提升器的阻力系数、提升钢丝绳的阻力系数、长度和重量等综合计算，并校核验算提升电动机的功率。

钢丝绳。钢丝绳在工作过程中产生许多复杂的应力，如静应力、动应力、弯曲应力、扭转应力、挤压应力及接触应力等，还受到磨损及腐蚀，也会导致钢丝绳的损坏。钢丝绳安全系数应按《煤矿安全规程》（应急管理部令第8号修正）的技术要求选用。

有轨运输提升装备安全方面需考虑绞车要有深度指示器及防过卷装置，并在钢丝绳上设明显的深度标志；在斜井井身设置阻车器；在工作面处安置简易防跑车装置；为防止断绳跑车，钢丝绳挂钩应加保险栓；全过程加装摄像监控装置。

8.3.7 对长大隧道、高原隧道正线、施工距离长及坡度大的斜井可采用皮带机运输方式实现连续出渣。

条文说明

隧道连续皮带机出渣技术主要由具有同步跟进功能的皮带机和具有接长延伸功能的皮带机等系列设备组成，能同步跟进隧道掘进，并且可接续延伸的长距离连续皮带机输送配套系统，将隧道掌子面爆渣通过系列配套输送皮带机连续、快捷地运输至洞外的转运站或弃渣场，完成隧道的高效出渣作业。皮带机出渣技术的突出优势在于：

适应性及抗干扰能力强。独立的皮带机出渣系统，其轻便的结构和安装形式，能很好地解决隧道施工时的干扰难题，能够轻松穿越障碍物，适应能力非常强，使隧道的其他施工及物资运输更加顺畅、快捷。

连续皮带机的工效优势强。皮带机连续输送方式具有输送能力大、速度快、承载能力强等特点，只要提高装渣能力，就可快速完成出渣作业、提高工效。经有关测算，较传统出渣方式作业效率可提高20%~30%。

大坡度斜井的出渣优势强。斜井坡度大于15%时，采用皮带机出渣输送同样能很好地满足运输需求、降低施工成本。

高原隧道的施工优势强。在高原严寒、低压和缺氧的气候环境下，隧道作业人员的体力、燃油设备功效下降，有时甚至会威胁到作业人员的健康和生命安全，严重制约工程施工效率。采用机械化程度较高的连续皮带机出渣运输，可大大降低运输设备和人员数量，克服上述不利因素，保证隧道的高效、安全施工。

在节能减排和环保方面的优势强。皮带机出渣输送系统全部使用电能设备，其能效高、污染小，可有效减少隧道中的二氧化碳等有害气体的产生，全面改善隧道的作业环境，尤其是减轻了隧道的通风压力和能源消耗，从而进一步起到保护环境和节能减排的作用。

9 支护

9.1 一般规定

9.1.1 铁路隧道机械化施工宜"快挖、快支、快封闭",及时施作超前支护和初期支护,抑制围岩劣化变形。

条文说明

从力学角度分析,隧道支护本质是将围岩由开挖后的二维应力状态转变为三维应力状态,主动、及时、有效地提供支护力,能够充分调动和发挥围岩的自稳能力,真正实现围岩在支护中的主体地位,并利用围岩-支护协同承载体系达到控制隧道变形的目的,从而抑制围岩松弛发展、提升围岩自稳性。

9.1.2 初期支护作业应选择污染小、作业人员少、强度低、作业效率高的组合模式,整个工序作业线设备应配套完整,相互协调。

9.1.3 隧道机械化施工应重视软弱围岩地段的掌子面预加固措施,防止围岩松弛变形、坍塌,保证隧道掌子面的稳定。

9.1.4 初期支护喷射混凝土应采用湿喷工艺,软弱围岩地段应采用早高强喷射混凝土,抑制围岩变形过大。

9.1.5 初期支护宜紧跟掌子面,仰拱尽早封闭成环,仰拱基底应清理彻底不留残余渣,保证基底结构的整体性。

9.1.6 隧道机械化施工的系统锚杆应在初喷后及时施作,将锚杆限制在初喷与复喷之间,发挥锚杆作用,控制围岩变形。

条文说明

隧道变形控制优先主动支护设计理念,即以超前支护、早高强喷射混凝土及预应力锚杆为主要支护手段,以主动改善围岩应力状态为中心,通过主动提高围岩力学参数或降低施工对围岩力学参数的影响。

9.1.7 隧道机械化施工应建立可靠的预警机制，掌握隧道初期支护变形情况，为隧道各级围岩的预留变形量提供科学依据，减少过度超挖和侵限，节约成本。

9.1.8 隧道机械化施工应建立信息化平台，将开挖、初期支护和二次衬砌各个阶段的监控量测和3D断面检测数据统一纳入信息化平台管理。

条文说明

3D扫描仪属于隧道测量新技术，充分挖掘3D扫描仪的优势，能够为隧道建设更好地服务。实现隧道断面尺寸工序质量管控信息化，并以信息化为抓手指导各工序施工，进行相关工程数量的计算，能够为项目计划管理、投资控制、物资计划和消耗、验工计价等方面提供准确实时的数据支持和决策依据。

9.2 超前支护及预加固

9.2.1 隧道机械化施工的超前管棚（小导管）、掌子面封闭、掌子面锚杆、预注浆等措施应符合设计要求，同时应根据围岩情况及掌子面稳定性等级进行动态调整。

条文说明

掌子面的稳定性控制是隧道机械化施工重要举措。以"掌子面喷射混凝土封闭、超前管棚（小导管）、掌子面锚杆、掌子面预注浆"为代表的超前主动支护体系，能对稳定性较差的掌子面围岩主动进行干预处理，保证其长时间内或在单个开挖—支护循时间内保持稳定，为大型机械装备提供施工作业空间，同时也能保证掌子面附近作业人员的安全。

9.2.2 超前管棚（小导管）宜充分利用凿岩台车快速施工，提高钻孔效率。断层破碎带、全断面帷幕注浆或特殊工法长管棚施工可采用多功能钻机，且应符合下列要求：
1 一般地段应采用引孔顶入法施作，成孔困难地段应采用跟管钻进。引孔顶入法应防止管口不受损变形，以便与注浆管路连接。
2 管棚钻孔位置应精确测定，并对每个钻孔进行编号，确保管棚不侵入隧道开挖限界。
3 钻孔作业前应采用喷射混凝土封闭掌子面，形成4~6cm厚的止浆墙。
4 钻孔应隔孔施作，并控制钻机下沉量及左右偏移量，开钻、正常钻进的压力和速度应适度，应监测钻进方向、速度。钻孔偏位出现误差超限时，应及时纠正，终孔超限应封孔，原位重钻。

5 超前管棚外插角应按设计要求准确定位，管棚宜在立架前施工，采用凿岩台车钻孔时，管棚角度不应大于15°，管棚搭接长度不应小于3m。

6 超前管棚应按单双序号孔位错开0.5倍节长连接，节间采用内套管丝扣连接。

7 管棚顶入前，应将孔内粉尘清除干净。

8 管棚注浆应采用隔孔注浆，注浆时应安装止浆阀及回浆阀，注浆压力应根据现场试验确定，注浆终压持续稳定不少于10min且进浆量达到设计进浆量的80%及以上时，后方可结束注浆。

9 注浆过程应做好记录，并分析解决施工中出现的问题，注浆结束后应及时清除管口浆液并用锚固剂填堵端头。

10 掌子面超前预加固材料质量应符合相关要求，注浆配合比设计应经试验性验证。

11 开挖后应对预加固效果对比分析，及时总结经验，指导和改进超前预加固措施。

条文说明

超前管棚注浆加固时对掌子面前方围岩影响效应将加倍放大，以注浆后的钢管混凝土梁作为纵向预支撑，以钢架作为横向环形支撑，构成纵、横向整体刚度较大的钢棚架支护系统，限制未支护段围岩变形，提前承受早期围岩压力，是软弱围岩拱部区域主动预支护的重要措施之一。

9.2.3 超前小导管预加固支护时，应符合下列规定：

1 超前小导管施工采用凿岩台车钻孔时，超前小导管角度不应大于10°，搭接长度不应小于1m。

2 小导管应利用凿岩台车自带吊篮作业平台进行安装。

3 管棚（小导管）安装孔壁应及时用高压风管进行清孔处理，防止堵塞。

4 超前小导管机械化施工应根据围岩类别和设计选择水泥单液浆、水泥砂浆或水泥-水玻璃双液浆。

5 小导管注浆宜采用注浆单元加速注浆，可安装分流器同时多管注浆。

6 注浆顺序应由下至上、先无水处后富水处，注浆量先大后小，注浆压力宜在0.5~1.0MPa范围由小到大增压，发现窜浆、漏浆、跑浆现象时，应隔孔注浆。

7 配制好的浆液应在设计规定时间内注完，随用随配。

8 注浆施工中应留存完成的注浆记录，以便分析和改进注浆作业。注浆参数应根据注浆试验结果及现场情况调整。

条文说明

超前小导管是沿开挖面的拱部外周插入直径为42mm（或50mm）的带孔钢管，压注浆液并将导管尾部与钢架焊接为一体形成的支护体系。超前小导管支护可以有效控制隧道开挖过程中掌子面挤出位移和后方最终位移，从而提高软弱地层的强度和围岩稳定性，对于穿越破碎带、松散带和软弱地层的隧道施工具有重要价值。

9.2.4 超前管棚（小导管）施工工艺可按图 9.2.4 所示流程进行。

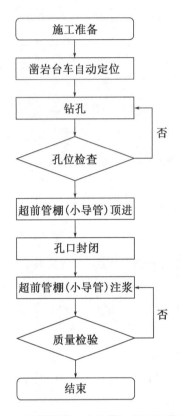

图 9.2.4　超前管棚（小导管）施工工艺流程图

9.2.5 超前管棚（小导管）施工人员、主要机械设备可按表 9.2.5-1 和表 9.2.5-2 配置。

表 9.2.5-1　超前管棚（小导管）施工人员配备表

作业工序	人员配置	数量（人）		备注
		单线或辅助坑道	双线	
超前管棚（小导管）施工	作业人员及台车司机	5~7	6~10	

表 9.2.5-2　超前管棚（小导管）主要机械设备配备表

机械名称	规格或功率	数量（台）		备注
		单线或辅助坑道	双线	
凿岩台车	2~4 臂	1	2	
装载机	3m³	1	1~2	
注浆泵（台车）	单双液、砂浆	1	1	注浆单元
水泵		1	2	

9.2.6 超前预加固采用掌子面锚杆时，应符合下列规定：

1 掌子面超前长锚杆宜采用玻纤锚杆进行加固。

2 掌子面锚杆钻孔宜采用凿岩台车或多功能钻机，施作时应根据需要加固的区域控制钻孔位置、深度和角度。

3 当地层软弱较难成孔时，应采用套管跟进，通过套管打入纤维锚杆，保证锚杆的设计深度。

4 掌子面纤维锚杆安设完成退钻后，应进行孔口密封，并及时注浆提高纤维锚杆的锚固力，防止因排砂、排水引起地表沉降加剧。

5 掌子面锚杆注浆材料应采用可快速提供支护强度的速凝水泥浆或树脂等材料，注浆材料应满足质量要求。

6 配制浆液应根据制浆要求按顺序投料，不得随意增减数量；储浆桶应安设滤筛对拌制的浆液进行过滤。

7 超前预加固完成后应进行掌子面稳定性分析，支护结构达到预期效果后方可进行掌子面开挖。

条文说明

掌子面纤维锚杆是垂直于掌子面方向打设的锚杆，在掌子面易滑动破坏地段，掌子面锚杆需穿过楔形滑裂面至稳定围岩中，以抵抗其滑移剪切作用，保证掌子面稳定。在掌子面易于挤出破坏地段，将掌子面锚杆锚固在无影响或弱影响区段，通过注浆能提高核心土的强度和刚度，控制掌子面的挤出位移，有效减少超前核心围岩塑性的深度和范围。超前纤维锚杆适用于Ⅴ级围岩深埋软岩、破碎、地下水不发育地段的掌子面局部超前加固。

9.2.7 掌子面纤维锚杆注浆工艺可按图9.2.7所示流程进行。

9.2.8 掌子面纤维锚杆施工人员、主要机械设备可按表9.2.8-1和表9.2.8-2配置。

表9.2.8-1 掌子面纤维锚杆施工人员配备表

作业工序	人员配置	数量（人）		备注
		单线或辅助坑道	双线	
掌子面锚杆施工	作业人员及台车驾驶员	3~5	6	

表9.2.8-2 掌子面锚杆施工主要机械设备配备表

机械名称	规格或功率	数量（台）		备注
		单线或辅助坑道	双线	
全电脑凿岩台车/锚杆钻注台车	2~4臂	1	2	
装载机	3m³	1	1	
注浆泵	单双液、砂浆	1	1	注浆单元
水泵		1	2	

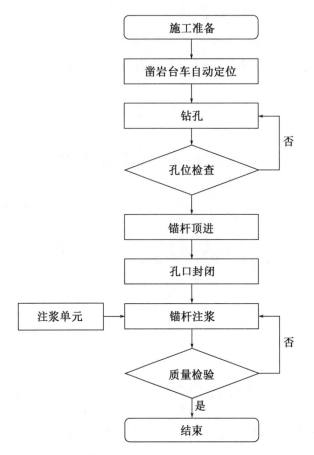

图 9.2.7 掌子面纤维锚杆注浆工艺流程图

9.2.9 超前预加固应采用掌子面喷射混凝土封闭，并应符合下列规定：

1 掌子面为硬质岩、软质岩、顺层偏压变形、构造破碎带、岩溶强烈发育灰岩等地质，掌子面及周边存在局部掉块、危石、滑塌等安全风险时，应采用喷射混凝土对掌子面及时封闭。

2 掌子面喷射混凝土宜采用与初期支护同强度等级的混凝土，厚度不得小于设计值。

3 掌子面喷射混凝土应在开挖后立即进行，喷射前应先清除受喷面上的浮土、回弹物等松散积料，并用高压风吹净。

4 喷射混凝土的原材料进场均应进行速凝效果的试验，确定速凝剂的最佳掺量，初凝时间不应超过 5min，终凝时间不应超过 10min，水泥用量和水灰比应通过配合比选择试验确定。

条文说明

软弱破碎围岩隧道掌子面一次开挖成型后直立面高度较大，围岩失去纵向支撑后引起坍塌的安全风险较高，同时掌子面围岩的劣化可能导致局部甚至全部失稳，对掌子面破碎区域进行喷射混凝土封闭支护，可以防止围岩劣化，并提供一定程度的纵向支护力。

9.2.10 掌子面喷射混凝土封闭工艺可按图 9.2.10 所示流程进行。

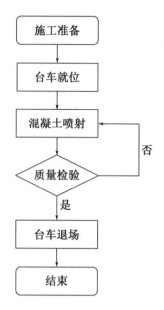

图 9.2.10　掌子面喷射混凝土封闭工艺流程图

9.2.11 掌子面喷射混凝土封闭施工人员、主要机械设备可按表 9.2.11-1 和表 9.2.10-2 配置。

表 9.2.11-1　掌子面喷射混凝土封闭施工人员配备表

作业工序	人员配置	数量（人）		备注
		单线或辅助坑道	双线	
掌子面封闭	喷射手 2 人，配合工人 2 人	4	4	

表 9.2.11-2　掌子面喷射混凝土封闭施工主要机械设备配备表

机械名称	功率或功效	数量（台）		备注
		单线或辅助坑道	双线	
混凝土湿喷台车	≥20m³/h	1	2	
压入式通风机	110kW	1	1	
混凝土罐车	12m³	1	1~2	

9.2.12 富水、断层破碎带以及自稳性差的软岩应进行掌子面预注浆加固，并应符合下列规定：

1　掌子面预注浆施工应结合设备性能进行注浆工艺试验，注浆结束后应进行注浆效果检验。

2 掌子面预注浆过程中，当地层吸浆量很大、注浆压力长时间不上升时，应通过调整浆液配合比、缩短浆液凝胶时间达到控制注浆目的。

3 注浆过程中，应保持注浆管路畅通，注浆发生串浆时，应加大钻注平行作业间距，或采取钻一孔、注一孔的原则。

4 注浆过程应及时调整浆液配合比或采取间歇注浆措施，确保达到注浆效果。

5 钻孔检查应选择注浆薄弱的部位，检查孔数量不应少于注浆孔的10%。

6 大型钻机高压风钻孔时，钻、注人员应穿戴防护用品，尽量避免面对钻孔，防止高压风吹出砂石伤人，拆卸时高压胶管应防止压力突然上升伤人。

条文说明

当隧道穿越断层破碎带等软弱围岩时，对围岩进行注浆加固，注浆加固厚度或刚度增大，隧道岩层位移、塑性变形的大小和分布区域、初期支护内的最大主应力都会相应减小，通过注浆加固围岩，能够增大围岩黏聚力和内摩擦角，主动改善围岩物理力学参数，保证掌子面的稳定。

9.2.13 掌子面预注浆加固工艺可按图9.2.13所示流程进行。

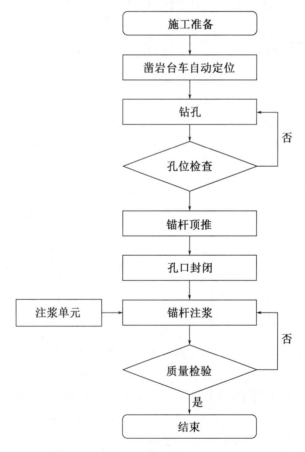

图9.2.13 掌子面预注浆加固工艺流程图

9.2.14 掌子面预注浆加固施工人员、主要机械设备可按表 9.2.14-1 和表 9.2.14-2 配置。

表 9.2.14-1　掌子面预注浆加固施工人员配备表

作业工序	人员配置	数量（人）		备注
		单线或辅助坑道	双线	
掌子面预注浆加固	作业人员及台车司机	4	5	

表 9.2.14-2　掌子面预注浆加固施工主要机械设备配备表

机械名称	功率或规格	数量（台）		备注
		单线或辅助坑道	双线	
全电脑凿岩台车	2~4 臂	1	2	
装载机	3m³	1	1	
注浆泵	单（双）液浆	1	1	注浆单元

9.3　初期支护

9.3.1　初期支护应在开挖后及时施作，以控制围岩变形，防止坍塌。

9.3.2　隧道开挖后应采用全站仪和 3D 扫描仪相结合的方式进行隧道断面测量和扫描，分析处理实测数据并与设计开挖轮廓断面相比较，评价隧道开挖的超欠挖情况，对欠挖部位进行处理。

条文说明

现行铁路隧道工程施工质量验收标准和施工技术规程明确要求根据施工方法、检验手段等制定隧道断面尺寸工序质量管控标准，明确施工允许误差，制订技术交底和考核制度，进行技术交底和管理，施工过程中加强检查考核，不断提高质量水平。

9.3.3　隧道初期支护施工工艺可按图 9.3.3 所示流程进行。

I　喷射混凝土

9.3.4　喷射混凝土应采用混凝土湿喷机械台车完成初期支护早高强混凝土的快速、高质量喷射，形成早强结构。

9.3.5　初期支护混凝土喷射前后应采用激光断面仪进行净空测量，计算混凝土喷射前后净空的差值，确定喷射混凝土的厚度及方量。

9.3.6　混凝土喷射前应采用高压风将岩面吹净，以保证混凝土与岩面的有效黏结。喷射应分区、分层、从底部向拱部自下而上进行，填满钢架、钢筋网与喷面之间空隙。

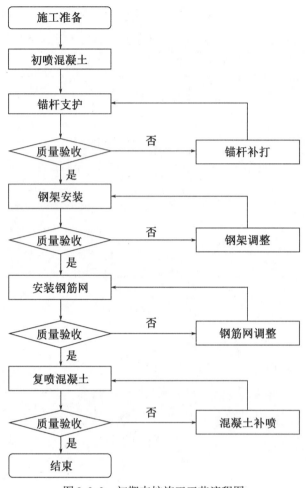

图 9.3.3 初期支护施工工艺流程图

9.3.7 喷射混凝土施工应符合下列要求：

1 喷混凝土施工工艺可按图 9.3.7 所示流程进行。

2 湿喷混凝土应核查速凝剂质量，选择合适增黏剂或回弹抑制剂等外加剂提高混凝土工作性能，降低回弹率，提高抗渗水性能满足早期高强要求。

3 初喷混凝土应在开挖后及时进行，厚度不应少于 4cm；喷射时应先填平岩面较大凹洼处。

4 湿喷混凝土宜利用既有钢架、锚杆头或埋钉等控制喷射厚度和平整度。

5 湿喷混凝土施工前应将设备停放平稳，顶升液压支腿，进行设备检查，完成试机、基面吹扫和试喷。

6 湿喷作业应遵循自下而上、先填后扫顺序，按分层、分片、分段喷射，每段长度不宜大于 6m。

7 喷射路线宜采用往复喷射、上下喷射、S 形喷射或螺旋式喷射，喷射角度应与受喷面垂直，喷嘴与受喷面的距离宜按 0.6～0.8m 控制。

8 喷射作业应变换喷嘴喷射角度和与受喷面的距离，将钢架、钢筋网背后喷填密实，必要时应在钢架和初期支护后注浆充填。

9 喷射混凝土应与岩面、钢架、钢筋网密贴，不得留有空洞和间隙，初期支护与围岩应成为整体支护体系。

10 喷射混凝土平整度控制应采用刮板配合湿喷机械手施工，刮板长度应由钢架间距确定，台阶法可采用人工手持刮板辅助刮平。

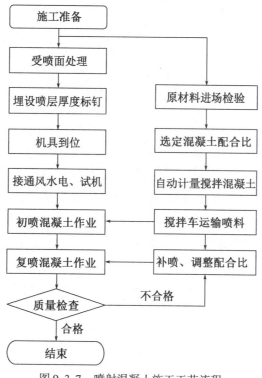

图 9.3.7 喷射混凝土施工工艺流程

9.3.8 掌子面喷射混凝土施工人员、主要机械设备可按表 9.3.8-1 和表 9.3.8-2 配置。

表 9.3.8-1 掌子面喷射混凝土施工人员配置参考表

工序名称	配备工种	人员数量（人）	备注
湿喷作业	湿喷台车操作手	1	定位、湿喷作业遥控操作
	辅助工人	1	控制放料、移动、定位

表 9.3.8-2 掌子面喷射混凝土施工主要机械设备配备表

工序名称	配套设施设备	单位	数量	备注
湿喷作业	混凝土罐车	辆	2~4	混凝土供应
	空压机	台	2	喷射送风
	混凝土湿喷台车	台	1	≥20m³/h

II 锚 杆

9.3.9 锚杆施工应在初喷后及时施作，通过机械快速施工，促使围岩及早形成压力拱效力，减少围岩松动圈，提升自稳效果。

条文说明

郑万高铁某机械化大断面隧道施工采用涨壳式预应力中空锚杆和砂浆锚杆支护,通过现场注浆试验对比分析,提出适合的隧道锚杆注浆比例,并结合锚杆轴力监测和地层位移监测阐述涨壳式预应力中空锚杆对围岩松动圈的作用,为隧道机械化施工初期支护优化,以及建造智能动态设计提供了参考依据。

9.3.10 铁路隧道机械化锚杆施工宜采用全电脑凿岩台车或锚杆钻注一体机施工,通过机械臂和推进器安装锚杆,利用吊篮人工辅助作业平台注浆,实现钻孔与安装平行作业。

条文说明

隧道机械化施工利用凿岩台车、锚杆钻注一体机、注浆机等机械设备,能够实现锚杆快速钻孔安装,有效提高锚杆施工效率,中空注浆锚杆系统通过中空杆体及排气孔,进行正、反循环注浆工艺,在锚杆孔通道中进行注浆、排气,保证注浆饱满度达到100%,能够全方位解决注浆问题,特别是拱部锚杆注浆不饱满的问题。

9.3.11 铁路隧道机械化锚杆施工工艺可按图9.3.11所示流程进行。

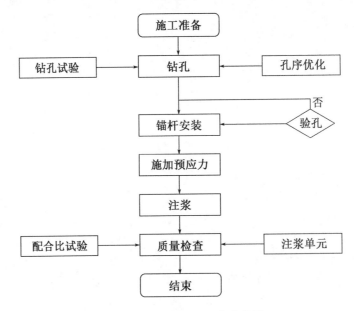

图9.3.11 锚杆施工工艺流程图

9.3.12 机械化锚杆施工操作要点应符合下列要求:

1 台车钻孔时,钻孔角度及方向应沿开挖轮廓线法线方向,对地质较差地段应根据岩层产状及节理裂隙发育情况,调整锚杆布设位置及角度,并宜通过球垫调整垫板角度,使锚杆安装后垫板与围岩基面密贴,避免注浆后浆液外流。

2 钻孔成孔后,应利用三臂凿岩台车钻杆反复抽插注水洗孔2~3次(特别是拱腰以下的锚杆孔),将孔内岩屑冲洗干净。

3 利用凿岩台车吊篮安装锚杆,应将锚杆放置在吊篮的挂架中,锚杆头插入孔内,调整方向,举升操作平台,推送入孔。

4 利用扭力扳手扭紧锚杆螺栓,应对锚杆施加初始张拉力,使垫板与岩壁充分接触。

5 注浆施工应将注浆快速接头与锚杆杆体旋紧,注浆压力不小于0.5 MPa,持压不少于3min垫板与岩面溢浆后停止注浆,拆除快速接头,封堵锚杆孔。

6 现场配备标准量具,宜将注浆设备及材料整合集中在车辆中,形成注浆工序单元,提高注浆施工效率。

7 锚杆钻孔、注浆应通过设备采集的施工记录、实测参数等相关数据存储并传输至信息化平台。

8 各类锚杆的胶结、锚固质量应符合设计要求,全长胶结锚杆的锚固长度不应小于设计长度的95%,检测方法可采用无损检测。

9.3.13 掌子面锚杆施工人员、主要机械设备可按表9.3.13-1和表9.3.13-2配置。

表9.3.13-1 掌子面锚杆施工人员配置参考表

工序名称	配备工种	人员数量(人)	备注
锚杆钻孔及安装	凿岩机司钻工	4	设备司机
	辅助工人	4	锚杆安装及注浆

表9.3.13-2 掌子面锚杆施工主要机械设备配备表

机械名称	功率或功效	数量(台)		备注
		单线或辅助坑道	双线	
全电脑凿岩台车	2~4臂	1	2	
锚杆台车	钻注一体	1	2	
注浆台车	单液浆、双液浆	1	1	

Ⅲ 钢 筋 网

9.3.14 钢筋网安装应符合下列要求:

1 钢筋网应按设计网格尺寸在加工场集中制作,钢筋网尺寸的大小应方便运输和安装。

2 钢筋网应在初喷混凝土后铺挂,使其与喷射混凝土形成一体。

3 采用双层钢筋网时,第二层钢筋网应在第一层钢筋网被混凝土覆盖后铺设。

4 钢筋网搭接长度应为1~2个网格,与锚杆或其他固定装置连接牢固。

Ⅳ 钢 架

9.3.15 拱架加工应符合下列要求:

1 钢架宜集中加工,采用冷弯成形,并应进行试拼装,以提高钢架的安装精度。

弧度以及翘曲度现场检测应符合设计要求。

2 应根据不同类型的安装设备进行拱架分节优化。

3 钢架应提前预拼装,减少工序循环时间,提高隧道整体施工进度、降低劳动强度及施工安全风险。

条文说明

钢架制作优先采用工厂化、自动化集中制作,根据隧道加宽值、预留变形量等,精确放样下料,减少接头个数,连接钢板(角钢)螺栓孔优先采用机械成孔,通过连接板定位器进行定位焊接,精准定位。

9.3.16 隧道机械化施工宜采用多功能拱架安装台车或多榀拱架安装台架进行安装,优化拱架分节,提高施工效率。

条文说明

研制开发的隧道快速施工多功能新型设备及新型支护结构,如折叠式钢架安装机,将网片安装集成于一体,可以减少设备的种类及对隧道施工作业空间的占用,进一步提高施工效率。

9.3.17 拱架安装可按图 9.3.17 所示流程进行。

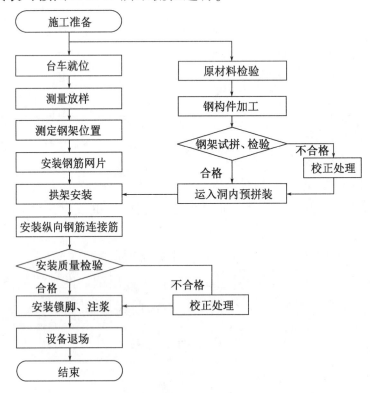

图 9.3.17 拱架安装流程图

9.3.18 采用多功能拱架安装台车应实现台车机械臂与吊篮相结合，拱架分节与台车机械臂抓举功能相适应，优化拱架安装顺序，快速形成闭环结构。

9.3.19 采用多榀拱架安装台架应利用安装机械上料竖向提升、纵向平移、侧向纠偏等功能预拼装钢架，减少工序循环时间。

条文说明

多榀钢架安装台车上下两层采用多个单向滑轮，通过卷扬机提升，螺栓固定，实现全断面法与微台阶法之间自由转换。多榀钢架同步安装台车上的两台牵引装置可实现钢架安装机械上料竖向提升，在台车顶部纵梁上设置搬运小车，使钢架竖向提升后可以纵向平移，还可通过液压系统实现钢架就位后进行竖向顶升及侧向纠偏。利用空间换时间，在掌子面钻孔的同时，可在距离掌子面约30m位置同步进行钢架预拼装，以缩短钢架安装占用工序循环时间。

9.3.20 拱架钢架安装误差应符合表9.3.20的要求。

表9.3.20 拱架钢架安装允许误差表

项目	间距	横向位置	高程	垂直度	平面翘曲
偏差值	±10cm	±5cm	±5cm	±2°	2cm

条文说明

钢架安装前采用全站仪和激光定位等方式准确定位基线、拱顶中心及拱脚位置。钢架安装过程中采用激光笔、激光投线仪对拱顶、拱肩、拱腰位置复测拱架轮廓线，采用激光投线仪控制垂直度及水平偏差，重点控制拱部单元拱架拱脚，确保连接板连接密贴。

9.3.21 锁脚锚杆（锚管）应注浆饱满，并与钢架焊接牢固，钢架之间应通过纵向连接筋连接牢固。

9.3.22 钢架应紧贴掌子面，钢架与围岩之间的间隙应采用喷射混凝土充填密实，间隙过大时可用钢楔或混凝土楔块顶紧。喷射混凝土应由两侧拱脚向上对称喷射，并将钢架覆盖。

条文说明

钢架拱脚需清理干净，无虚渣、杂物，并采用混凝土预制块或槽钢支垫，必要时可设置可调节钢支撑垫块；安装过程中当钢架与围岩之间有较大空隙时，可以沿钢架外缘每2m用钢楔或混凝土预制块填塞密实。

9.3.23 隧道掌子面拱架施工人员、主要机械设备可按表9.3.23-1和表9.3.23-2配置。

表9.3.23-1 掌子面拱架施工人员配置参考表

工序名称	配备工种	人员数量（人）	备注
钢架、钢筋网片安装	主操作手	1	设备司机及遥控操作
	辅助工人	6~8	会电焊设备操作

表9.3.23-2 掌子面拱架施工主要机械设备配备表

工序名称	配套设施设备	单位	数量	备注
钢架、钢筋网片安装	钢构件加工厂	座	1	按工程规模统筹配备
	拱架安装台车或多功能台架	台	1	拱架、网片安装
	电焊机	台	2~3	焊接钢拱架、网片、连接件
	电锤	台	1~2	软岩局部找平及处理欠挖
	风镐	台	1~2	硬岩局部找平及处理欠挖
	扳手	把	4~8	配套螺栓、螺母规格，连接使用

10 二次衬砌

10.1 一般规定

10.1.1 二次衬砌宜在围岩变形趋于稳定、隧道周边变形速率明显下降并趋于缓和后施作。

条文说明

二次衬砌施作需满足的前提条件：

隧道周边变形速率明显下降并趋于缓和；

水平收敛（拱脚附近7d平均值）小于0.2mm/d、拱部下沉速度小于0.15mm/d；

施作二次衬砌前的累计位移值已达极限位移值的80%以上；

在高地力软弱围岩、膨胀岩等可能产生大变形，且变形长期不能趋于稳定的不良地质隧道，二次衬砌可以提前施作，衬砌结构要有足够的强度和刚度。

10.1.2 防排水施工前应对初期支护表面的渗漏水，外露的突出物及表面凹凸不平处进行处理，确认初期支护侵限部位、背后脱空等缺陷处理完毕。

10.1.3 铁路隧道机械化衬砌施工应先进行首件工程施工，以验证并确定工艺参数及施工流程。

条文说明

二次衬砌施工通过首件工程制验证混凝土的和易性、含气量、坍落度等技术指标，确定混凝土浇筑速度、振捣时间和遍数、拱顶泵送压力等参数，同步确定辅助机械、机具的种类和数量，施工组织形式和人员配置，并为制定可操作性的实施细则提供技术支持。

10.1.4 二次衬砌混凝土原材料的检验和选用、混凝土的配合比和拌制、浇筑温度的控制和振捣、衬砌养护等各工序应按要求操作，防止产生裂缝。

10.1.5 二次衬砌施工完成后应及时开展工后检测，铁路隧道机械化施工应将工后质量检测纳入工序管理。

10.2 仰拱及填充

10.2.1 仰拱及混凝土（底板）施工可按图10.2.1所示流程进行。

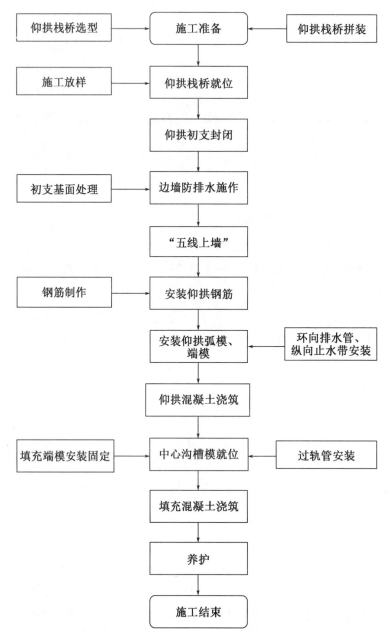

图10.2.1 仰拱及混凝土（底板）施工工艺流程图

10.2.2 仰拱（底板）施工宜采用大跨度自行式仰拱栈桥，实现桥上通车过人、桥下钢筋绑扎，分段完成仰拱和填充混凝土浇筑，保持洞内平行作业，减少对掌子面开挖和支护影响。

10.2.3 自行式仰拱栈桥的有效跨度不应小于2倍衬砌长度，栈桥宜集成仰拱弧模、分离式端模、中心水沟槽模、混凝土浇筑溜槽、钢筋卡具、止水带张拉装置等工装，实现仰拱全幅整体浇筑。

条文说明

中心水沟槽内模自重较大，加固牢固无需采取防上浮措施，浇筑前需在模表面涂刷脱模剂。拆模后要及时清除模板上的残余混凝土及水泥浆，并进行防锈处理。

10.2.4 仰拱衬砌与填充应分开浇筑，填充混凝土应在仰拱混凝土终凝后浇筑。仰拱浇筑宜采用混凝土溜槽均匀布料，分段分层振捣密实。仰拱填充应严格控制高程及平整度，收光机收面不少于2次。

10.2.5 仰拱矮边墙浇筑应通过"五线上墙"进行准确控制边墙防排水、衬砌钢筋及混凝土高度。

条文说明

隧道边墙施工过程中防水板、土工布、长钢筋、短钢筋、纵向盲管的高程不同，其位置由测量人员利用仪器打点标记形成五条控制线，称之为"五线上墙"。施工现场可利用激光投线仪（又称激光标线仪或激光水准仪）通过发射激光束五条射线对应需要控制的标记，使激光束通过棱镜导光系统形成激光面以投射出水平的激光线，实现精准控制的目的。

10.2.6 仰拱衬砌、配套中心水沟及两侧水沟电缆槽施工时，相邻循环模板搭接长度不应小于10cm仰拱中心水沟、两侧水沟电缆槽应单独浇筑，纵向分段施工缝位置应与衬砌、仰拱和填充的施工缝重合。

10.2.7 岩溶地段应按照设计预留仰拱底部排水系统，做好各类排水管、泄压管等预埋件的预留和埋设。

10.2.8 仰拱超前防水层铺设宜保持1~2倍以上二次衬砌循环作业长度。

10.2.9 浇筑矮边墙混凝土时，应严格控制止水带附近的振捣冲击力，避免力量过大刺破止水带或止水带偏移。拆模后若止水带偏离中心，应适当凿除或填补部分混凝土进行纠偏。

10.2.10 仰拱（含填充）或底板混凝土强度达到5MPa后行人方可通行，达到设计强度50%且对混凝土不存在破坏性影响时，车辆方可通行。

10.2.11 仰拱填充施工人员、主要机械设备可按表10.2.11-1和表10.2.11-2配置。

表10.2.11-1 仰拱填充施工人员配置表

工序名称	配备工种	人员数量（人）	备注
钢筋安装	钢筋工人	3~5	按开挖支护级别统筹配备
弧模、端模安装	模板工	4~6	熟悉栈桥及弧模操作
防排水材料铺设	防排水班组	3~5	端头及纵向边墙防水材料
仰拱浇筑	混凝土工	3~5	
填充施工	混凝土工	3~5	与仰拱同班组

表10.2.11-2 仰拱填充主要机械设备配备表

工序名称	配套设施设备	单位	数量	备注
仰拱及填充作业	简易仰拱栈桥	≥18m	1	
	自行式仰拱栈桥	台	1	有效跨度不小于24m
	插入式振捣器	台	2~4	拱墙混凝土振捣
	钢筋挤压设备	台	2	钢筋挤压设备
	电焊机	台	1	钢筋支架、接地钢筋焊接

10.3 防排水

10.3.1 防排水板施工工艺可按图10.3.1所示流程进行。

10.3.2 防水板宜采用防水板铺设台车挂设，优先选用宽幅卷材，降低防水板搭接损耗，提高防水板施工效率。

条文说明

防水板铺设优选包含门架系统、整卷防水板起吊上料系统、可伸缩工作平台、台车整体纵向和横向平移系统，具备实现隧道土工布、防水板的自动铺设就位，钢筋上料、自动分布、自动纵横向平移、顶升就位等功能的防水板铺设台车施工。

10.3.3 土工布铺设前宜采用全站仪或三维激光扫描仪对初期支护面进行断面检查，断面测量后应向作业队进行测量交底，欠挖位置应准确标记并及时处理。

10.3.4 防水材料铺设前，应利用台车辅助平台对初期支护喷射混凝土及其他表面进行处理，并应符合下列规定：

1 锚杆头和钢筋露头应予以切除，并用细石混凝土抹平覆盖。

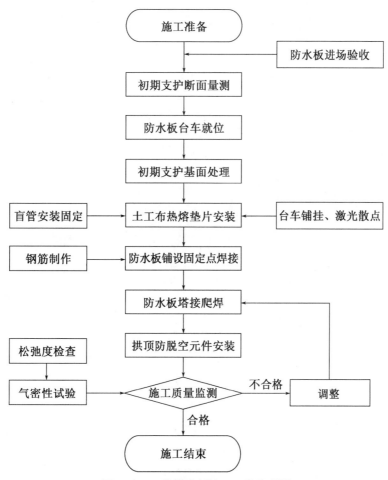

图 10.3.1 防排水板施工工艺流程图

2 凹坑深宽比大于 1/20 的部位，应采用细石混凝土填平，基面严重不平整时应进行复喷。

10.3.5 土工布应紧贴初支面，土工布定位点宜采用"满天星"激光发射装置布设，依次用套有热熔垫片的射钉平顺地固定在初支混凝土上。

10.3.6 防水板与基层热熔垫片焊接宜采用电磁焊接，防水板纵环向施工缝搭接应采用爬焊机焊接。

10.3.7 背贴式止水带、中埋式止水带均应确保位置准确，固定牢靠。中埋式止水带应采用钢筋卡固定，钢筋卡具宜控制在 0.5~1.0m。

10.3.8 防水板应无烤焦、焊穿、假焊和漏焊，焊缝宽度应符合设计、均匀连续、表面平整光滑、无波形断面。防水板的搭接焊缝质量应采用充气法检查合格。

条文说明

防水板充气法检查可以将5号注射针与压力表相接，用打气筒进行充气，当压力表达到0.25 MPa时停止充气，保持15min，压力下降在10%以内，说明焊缝合格；如压力下降过快，说明焊缝不严。用肥皂水涂在焊缝上，有气泡的地方需重新补焊，直到不漏气为止。

10.4 二次衬砌

10.4.1 二次衬砌钢筋及混凝土施工工艺可按图10.4.1所示流程进行。

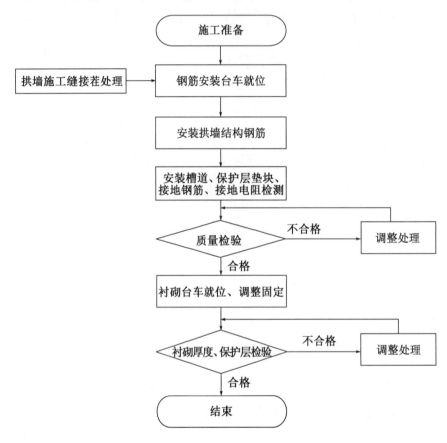

图10.4.1 二次衬砌钢筋及混凝土施工工艺流程图

10.4.2 二次衬砌施工宜选用大门架衬砌模板台车、智能衬砌模板台车。衬砌台车应为全液压型，并配备混凝土逐窗分流槽、注浆口过压保护、混凝土辅助振捣系统及智能监测系统。

10.4.3 衬砌台车应采用不小于10mm厚的大块钢模板，环向和纵向施工缝宜采用"软搭接"技术，以减少混凝土麻面、冷缝、不密实、拱顶脱空等质量缺陷，提高二次衬砌施工质量。

条文说明

衬砌台车与上一板混凝土搭接时，由于二次衬砌台车刚度过大，操作过程中液压油缸顶升容易对已浇筑的混凝土造成伤害，甚至产生裂缝，影响后期运行安全。通过在新旧混凝土搭接部位设置可压缩橡胶垫片，压缩量约为50%，使衬砌台车环向搭接部位形成"软搭接"结构，同时在搭接端设置光电感应机械接近开关，配合缓冲橡胶垫，实现精准软搭接，既不会压溃衬砌混凝土，也不会漏浆，又可有效预防衬砌错台，提高混凝土的外观质量。

10.4.4 智能衬砌台车宜具备混凝土带压浇筑、带模注浆、高频振捣器、拱顶插入式振捣、拱顶可视化浇筑以及防脱空预警等功能，实现二次衬砌逐层浇筑、逐窗振捣，保证衬砌施工质量。

条文说明

智能化衬砌台车配置智能控制室便于准确采集二次衬砌施工中的相关数据，包括混凝土浇筑方量、浇筑时间、泵送压力、浇筑进度、台车内力监测等，并具备拱顶灌满提醒以及报警信息功能，能够实时监测混凝土的浇筑状态，对施工数据进行记录、存储及上传，为后续浇筑作业提供数据支撑。

10.4.5 采用自由机械臂设计的智能型衬砌台车应采用带压浇筑机构进行浇筑，降低劳动强度，提高衬砌质量。

条文说明

采用自由度机器臂设计的智能型衬砌台车能够高效浇筑拱墙混凝土，自由度机器臂负责门架以下3排窗口从左到右、自下而上分层逐窗浇筑；拱腰与拱顶采用带压浇筑机构进行浇筑，带压浇筑机构具备伸缩、回转、纵向滑移功能，实现泵管快速对接，采用封闭的混凝土管路系统，保证出料端保持一定的压力，通过混凝土带压入模，实现混凝土带压浇筑。

10.4.6 预埋件与衬砌钢筋发生冲突时，可适当调整衬砌钢筋位置，不得对预埋件进行切割或压弯处理。

10.4.7 接触网槽道定位孔应在厂内预打孔设置，确需调整位置并在衬砌模板台车上钻孔时，不得损伤衬砌模板。

10.4.8 二次衬砌施工前应通过3D断面扫描仪检查断面超欠挖情况，预估混凝土浇筑方量，封顶时进一步确认混凝土数量，保证混凝土供应到位。

10.4.9 混凝土浇筑前及浇筑过程中，应定期检查模板、支架、钢筋骨架、钢筋垫块、预埋件等结构的设置和牢固程度，发现问题应及时处理，并作好记录。

10.4.10 二次衬砌浇筑应从下至上利用灌注窗依次灌注，宜采用高压混凝土输送泵，泵送压力不得小于6MPa，拱顶混凝土应至少采用2个浇筑孔浇筑。

10.4.11 二次衬砌浇筑封顶阶段应根据混凝土浇筑量，通过观察孔、浇筑压力监测等综合判定拱顶浇筑饱满度。采用压触式防脱空装置时，应由技术人员观察二次衬砌模板端头窗口和压触式防脱空装置指示灯，确定浇筑结束时机。

条文说明

压触式防脱空装置工作原理是通过浇筑拱部混凝土，压触预埋在土工布上的压力传感器接触端子，为拱部混凝土浇筑提供预警，确认衬砌拱顶混凝土浇筑是否饱满，为二次衬砌是否回填注浆提供依据。

10.4.12 拱顶混凝土浇筑时间宜控制在2h以内，搅拌后的混凝土应在1/2初凝时间内入泵，初凝前浇筑完成。

10.4.13 拱顶回填注浆应纳入工序管理，并在衬砌脱模前及时进行；回填注浆应采用微膨胀水泥砂浆，有特殊要求的地段可采用强度高、流动性好的自流平水泥浆，注浆压力应达到0.2MPa。

10.4.14 二次衬砌施工质量控制应符合下列要求：
1 衬砌混凝土应在混凝土集中拌合站生产，混凝土运输车运至现场浇筑。
2 衬砌钢筋应在钢构件工厂化集中生产，运至现场安装。
3 衬砌混凝土拌和、浇筑、养护等应综合利用设备的信息化系统采集施工数据，储存并传输至信息化管理平台。

10.4.15 二次衬砌施工人员、主要机械设备可按表10.4.15-1和表10.4.15-2配置。

表10.4.15-1 二次衬砌施工人员配置表

工序名称	配备工种	人员数量（人）	备注
防水板材料挂设	防水板	2~3	
钢筋安装	钢筋工人	5~8	按支护级别统筹配备
台车就位	模板工	4~6	熟悉台车操作
二次衬砌浇筑	混凝土工	5~7	

表 10.4.15-2　二次衬砌主要机械设备配备表

工序名称	配套设施设备	单位	数量	备注
二次衬砌施工	衬砌台车	台	1~2	
	防水板、钢筋作业台车	台	1~2	挂防水板与安装钢筋
	防水板台车	台	1~2	
	钢筋挤压设备	台	2	钢筋机械连接
	装载机	台	1	转运防水板、土工布
	电焊机	台	2	综合接地钢筋焊接

10.4.16　为防止二次衬砌拱顶脱空，拱顶混凝土灌注时可采用纵向连续灌注系统，并应符合下列要求：

1　二次衬砌纵向连续灌注系统工艺可按图 10.4.16 所示流程进行。

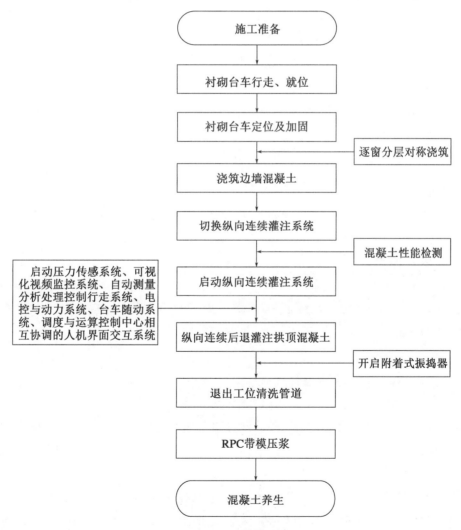

图 10.4.16　二次衬砌纵向连续灌注系统工艺流程图

2 二次衬砌台车及端头模板应定位准确，按设计轮廓位置和尺寸进行定位，端头模板应密封不漏浆。

3 二次衬砌拱顶混凝土纵向连续灌注施工工艺应严格控制混凝土的原材料质量和施工配合比。混凝土原材料应满足现行行业标准《铁路混凝土施工质量验收标准》（TB 10424）要求，施工配合比应严格按试验确定并经审批的混凝土配合比实施，混凝土水胶比宜按 0.39 控制，入模混凝土的坍落度宜按 170～190mm 控制。

4 纵向连续灌注枪应准确定位，保证其始终处于高位，同时纵向灌注枪应具有足够的强度、刚度和稳定性，插入过程中不得破坏衬砌其他结构或预埋件，端头最终位置宜按距离上一板衬砌端头 60cm 控制。

5 灌注过程中应加强可视化视频监控系统和混凝土压力传感系统的保护。

6 纵向连续灌注枪包裹一定长度后应及时进行正反向活动和后退，根据压力传感器和可视化视频监控判断混凝土包裹长度，适时后退拔管，并应保证灌注过程中纵向灌注枪在混凝土中的埋置长度和内部持压。

7 灌注台车连续后退灌注过程中应控制台车的走行定位和随动系统的走行定位，修正并保持台车行走和随动系统的同步。

8 二次衬砌混凝土纵向连续灌注过程中，应及时开启衬砌台车附着式振捣器进行振捣，附着式振捣器宜根据混凝土浇筑范围分层、分区域逐个依序开启，避免呈线性或大面积振捣，影响台车稳定性。

9 二次衬砌拱顶混凝土纵向连续灌注应加强现场施工组织协调，保证浇筑过程的连续性，避免中断影响工序循环时间和浇筑质量。

条文说明

二次衬砌拱顶混凝土纵向连续灌注设计理念为旨在隧道衬砌拱顶混凝土内部承压灌注，达到拱顶混凝土灌注密实效果，因此衬砌台车及端头模的加固和封堵尤其重要，并需保证端头模板不漏浆。

纵向连续灌注枪长时间保持不活动易造成混凝土包裹灌注枪的黏结力和摩擦力过大而无法拔出或后退。保证整个灌注过程混凝土中的纵向灌注枪埋置长度和内部持压，有利于保证二次衬砌灌注质量。

10.4.17 二次衬砌拆模时的混凝土强度应达到 8MPa；拆模时混凝土内部与表层、表层与环境之间的温差不得大于 20℃，结构内外侧表面温差不得大于 15℃；混凝土内部开始降温前不得拆模，并应符合现行行业标准《铁路混凝土工程施工质量验收标准》（TB 10424）的有关要求。

10.4.18 二次衬砌养护宜采用高压喷淋系统及电动行走系统组成的养护台车或智能型气囊密封养护台车。台车宜配置混凝土表面温湿度感应装置，通过对温度的实时监控，实现恒温自动养护并生成养护记录保存。

条文说明

采用智能型气囊密封养护台车，能在隧道壁和电加热系统之间形成一个较为密闭的养护空间，密封方式和密封效果好，加热效率高。

10.4.19 二次衬砌注浆完成3个月内应采用人工敲击、地质雷达等方法对衬砌质量进行自检，施工缝、预埋槽道位置应重点检查，发现缺陷后及时处理。

条文说明

隧道拱部衬砌出现空洞剥落掉块直接危及行车安全，衬砌内部病害隐藏无法通过肉眼发现，通过人工敲击和无损检测能够有效发现衬砌内部的质量隐患，及早整治，从而降低运营期间拱部衬砌剥落掉块的风险。

敲击检查按隧道二次衬砌混凝土纵向每仓敲击两个断面检查，平均距离为5~6m。凭敲击声音辨别是否存在空洞，声音异常时仔细敲击，确认空洞范围。施工缝、混凝土修补、蜂窝、混凝土表面杂物（如钢筋头、注浆管等）、施工冷缝、止水带外露、防水板外露、闭环裂纹、变形外鼓等重点处所，均需进行仔细敲击检查。

目前隧道混凝土质量特种检测机器人在衬砌无损检测中得到推广应用，其整合有空气耦合雷达、智能监控系统等，能够水陆两栖作业，携带雷达在指定测线位置匀速前行，适应于各种检测环境。现场作业时在不影响现场施工工序的前提下开展工作，取代传统人工高空作业，能够极大地提高雷达检测水平，改善传统人工作业检测模式。

10.5 水沟电缆槽

10.5.1 水沟电缆槽混凝土施工应结合预埋管线和预埋洞室设计统筹安排，保证预埋管线相通。

10.5.2 水沟电缆槽施工应配置整体式沟槽模板台车和边墙凿毛机等设备，并应符合下列要求：

1 水沟电缆槽施工前，宜采用边墙凿毛机进行凿毛。
2 水沟电缆槽施工前，应安排专人对综合接地钢筋的焊接和引出情况、接地端子预埋数量、位置、接地电阻等进行检查。
3 电缆槽、排水沟混凝土施工宜做好预埋泄水管的安装和疏通，防止混凝土堵塞管孔。浇注全过程应加强保护，避免损坏和偏位。
4 混凝土接茬部位应处理到位，避免出现渗漏和烂根现象。
5 为保证隧道净宽，模板定位宜整体向两侧偏移2cm，并应保证模板垂直度、槽壁厚度和槽内净空尺寸，防止施工时模板发生变形或移动侵入净空。
6 水沟电缆槽施工设备可按表10.5.2配置。

表 10.5.2 水沟电缆槽施工设备配置表

工序名称	配套设施设备	单位	数量	备注
水沟电缆槽施工	沟槽模板台车	台	1	9~12m 混凝土施工
	边墙凿毛机	台	1	凿毛
	装载机	台	1	转运钢筋
	电焊机	台	2	钢筋支架、接地钢筋焊接

11 信息化管理

11.1 一般规定

11.1.1 铁路隧道机械化施工管理应将信息技术贯穿隧道施工管理全过程，实现铁路隧道安全监控、质量控制等管理目标，优化业务流程，集成施工信息，提高管理效率和效益，增强施工竞争力。

11.1.2 铁路隧道信息管理应在隧道建造过程中收集地质、支护、装备、环境、人员等状态信息，以"互联互通、信息共享、业务协同"为基础，为数据分析决策、应用提供支撑。

11.1.3 铁路隧道信息化管理应以安全、质量、进度、成本等管理为主线，以满足各类管理目标为目的，及时对施工过程信息进行采集、处理、整理和归纳分析。

11.1.4 铁路隧道信息化管理应利用信息化平台实现超前地质预报、超欠挖控制、监控量测、衬砌质量等工序的数字化管理，提高隧道智能化建造水平。

11.1.5 铁路隧道信息化施工管理应实时监控、监督落实安全质量措施，通过信息融合实现管理目标。

11.2 隧道数字化管理平台

11.2.1 隧道数字化建造协同管理平台应通过规范化建模、网络化交互、可视化认知、高性能计算以及智能化决策支持，实现围岩智能判识、支护智能设计、开挖及支护智能施工，探索实践隧道建造新模式。

条文说明

基于物联网和云计算等先进技术支撑下的智慧隧道建造技术能直观、有效地对隧道中的各对象实施远程、动态监测管理与控制，实现隧道的信息化、网络化和集成化。最终目标是为隧道施工建设和运行管理提供自动预警、风险评估、辅助决策等智能化的服务。

11.2.2 隧道数字化建造体系涉及数字化装备、智能感知、数据资源、智能决策和智能管控等多个层次，其核心包括"隧道数字化建造协同管理平台"控制总系统和下属多个控制子系统。

11.2.3 隧道数字化建造协同管理平台应实现系统之间的多源数据共享，包括多源数据的数据类型、储存格式、传输方式等，应建立隧道数字化建造多源异构数据库，指定数据标准格式与采集方式。

条文说明

　　实现隧道信息化管理，数据感知和传输是第一步。隧道信息化管理要充分利用物联网、大数据、地理信息系统、计算机通信等技术，建立隧道机械化施工各生产要素的数字化采集、存储与传输。

　　感知系统。利用施工现场各类传感器，将信息管理系统延伸到施工管理现场，将现场的隧道机械设备、拌合站、仓库、试验室以及现场施工管理人员组成信息网络，实现人、机、物与信息化管理系统的互联互通。主要包括：隧道内工序、设备、人员、质量、安全信息；拌合站生产信息；试验室检测信息；仓库、加工厂原材料及半成品信息；现场检查及发现问题上传信息等。

　　传输系统。传输层主要是将感知层封装后的结构化数据包从作业现场推送至云服务器，由数据推送和数据接收两个服务组成，通过数据包传输机制与规则，确保数据包在传输过程中的完整性和安全性。主要包括：数据推送服务；数据接收服务；数据包传输机制与规则等。

11.2.4 隧道工程信息管理应通过协同管理平台将施工工点信息录入，每个新开工点应及时开通相应功能，发生变化时应及时进行更新。

11.2.5 人员实名制管理应对人员基本信息、安全培训信息、岗位信息、工作权限等基础信息进行统一管理，对进入作业区及重点监控区的人员进行识别，实时展示人员姓名、数量、所在位置等信息，并提供查询、统计等管理功能。

条文说明

　　人员基本信息以居民二代身份证实名制为基础，将劳务人员姓名、身份证号、劳动合同书编号、岗位技能证书号登记入册，并确保人、证、册、合同、证书相符统一，通过人员总览、实名制查询、持证信息、人员考勤、人员考勤统计、人员考勤规则设置、班组管理、部门管理、薪资管理等模块，实现对工地人员实时监控管理。

11.2.6 铁路隧道信息化管理应包括以下内容：

1 调度报表模块应包括进度简报、施工组织、施工日志、隧道形象化等子模块，并以施工日志日常填报数据为源头，实现施工组织的动态分析及预警。

2 内业资料系统应将施工方案、作业指导书、技术交底、开工报告等日常技术资料集中上传、统一管理、系统存档。

3 可视化技术交底应根据方案管理模块形成 BIM 可视化交底，通过建立 BIM 交互式交底，扫描二维码等方式直观展现施工工艺流程，展示施工构件细节。

4 深化设计模型应将设计、施工过程数据作为 BIM 建模基础，在施工图设计模型基础上进行深化表达，对施工过程模型深化与更新。

5 超前地质预报应通过信息化手段，提高信息传输水平、提升管理效率；预报信息内容宜包括隧道工程信息、里程信息、参与人员信息、原始数据资料、处理后数据资料以及预报结果等。

6 围岩量测管理应通过信息化管理平台对隧道开挖断面变形速率超标和累计变形量超标双控报警，通过手持终端或手机 App 软件，蓝牙连接全站仪实现数据的自动采集并实时发送至平台，超标短信报警、闭环处理，降低隧道安全风险，提升管控能力。

7 隧道沉降观测应通过信息化沉降变形观测模块，按规范要求的频次和时间进行上传，实现沉降观测数据的自动采集、上传和分析。

8 超欠挖管理应通过三维激光扫描仪、三维数据处理软件进行超欠挖数据采集、计算处理，将真实检测的隧道开挖断面轮廓、支护断面轮廓、衬砌断面轮廓检测数据、分析结论等通过网络通信方式，上传至信息化管理平台，建立统计、分析数据库。

11.2.7 隧道施工调度系统应以信息化、智能化、物联网大数据为依托，提升隧道施工人员和车辆调度的能力，强化施工工序之间的无缝衔接，通过调度系统的应用条件、人员机械管理、工序设置等模块，为隧道工程的智能化管理、建设提供参考。

11.2.8 围岩智能判识应通过智能型凿岩台车自动获取的施工过程钻进参数和岩石软硬程度、完整程度等围岩分级指标，实现掌子面分块、随钻围岩分级，并结合超前地质预报、高清掌子面素描等实现掌子面围岩自动判识。

11.2.9 方案优化应依托隧道数字化（智能）建造技术，将数字化施工装备信息数据进行融合，通过建立围岩智能判识、设计参数优选等子模块，逐步实现数字化（智能）建造。

11.2.10 隧道工程质量管理应将工序质量管理纳入到信息化管理系统中，宜包括试验室实时数据采集系统、隧道断面检测、超前地质预报系统、围岩监控量测、隧道衬砌施工信息化控制、隐蔽工程影像管理、检验批及施工日志等模块，通过工序质量实现质量管控目标。

条文说明

　　工序质量管理是过程控制的重要环节，信息化系统通过核查施工记录、监控超前地质预报、围岩量测、断面扫描，采集拌合站生产及试验检验数据，并根据相关规范的标准值进行对比，及时生成报告信息。如发现不合格或偏离预警值现象，及时提醒相关人员，从而有效控制铁路工程的施工生产质量，实现数据处理的智能化，解决铁路工程施工过程管理信息的真实性和反馈响应及时性问题，达到对铁路工程施工过程动态管理的目标，同时为项目管理提供形象、完整、及时和可信原始的数据信息管理。

11.2.11 安全管理应包括安全风险、隐患排查、围岩量测、超前地质预报、安全步距等模块。通过安全管理各模块建立安全风险预控、日常排查及超标预警机制，促进隧道安全风险可控。

11.2.12 安全风险管理应通过超前地质预报、超前预加固、超欠挖、初期支护质量、监控量测等数据信息的加权平均值实现作业面的量化评价，宜将评价结果分成"可控""基本可控""不可控"，对隧道作业面进行分类管理，并执行相应的设计参数和控制措施。

11.2.13 施工进度管理应依据各级围岩的开挖进度绘制隧道开挖斜率图，并将开挖循环的进尺，施工时间所形成累计曲线与进度曲线进行对比，实现工期的超前、滞后分析，形成隧道主要工序的日、周、月、季度、年度、开累等完成量的进度报表，实现预警及纠偏机制。

11.2.14 项目成本管理应依托信息化管理平台，通过对质量、成本、工期等关键指标进行精准控制，对"人、机、料、法、环"等关键因素实时管理，实现铁路隧道机械化施工精益化管理目标。

条文说明

　　项目成本信息化管理需以合同管控为核心，流程管理为导向。通过招投标的项目，实行合同、清单、计划、履约、结算付款的全流程标准化管理；通过线上预算编制模式，套用系统中设定的企业定额，分解单价核算目标成本，为后续精细化管理建立成本控制机制。项目合同签订、施工结算要严格工作审批流程，结算纸质单据可以从系统自动导出，结算出现错误能够通过系统查询原始单据，实现路径追踪。通过项目成本管理信息化板块，汇总统计工程项目计量、计价、进度、技术等数据，利用各种可视化展现方式对数据进行多角度多维度汇总和分析，加强成本全过程管控，最终实现提升管理效率，把所有工程项目的生产情况纳入实时动态监控范围。

11.2.15 隧道数字化智慧管控中心应包括工区项目部和洞口信息化室建设、空气质量监测、污水处理监测、有毒有害气体监测、地灾监测、车辆定位系统建设、人员考勤及门禁系统建设等，实现对施工现场各类传感器的数据采集，并将数据与传感器身份标识进行组合、存储、传输。

11.2.16 数字化协同建造平台应整合视频监控系统，实现安全、质量、环水保、进度（工序）的全天候网络监管，根据管理需要将视频信号分发至相关单位，实现各级单位对施工现场管理的联动性和实时性。

条文说明

项目级数字化协同建造平台需将项目各个部门应用数据汇总、分析，形成项目的总控指挥中心，大数据展示屏，实时掌控项目安全、质量、物资、机械、进度、人员、智能硬件现场作业情况，及时发现问题，跟踪项目进度。通过真实数据采集进行数据挖掘，实现各岗位工作量化，形成考核指标，通过大数据分析为项目重大决策提供支撑。

11.3 数字化工地

11.3.1 数字化工地宜根据实际情况配置，隧道工区信息化室设备可按表 11.3.1 进行配置。

表 11.3.1 隧道工区信息化室设备配置表

序号	设备名称	数量	单位	规格型号	用途	备注
1	智能电视机	1~2	台	≥65in	视频监控及平台	壁挂
2	大机柜	1	个	$H≥1.6m$	放置路由交换等设备	
3	路由器					
4	交换机					
5	硬盘录像机	1~3 台	台		视频监控集中管理	
6	操作台/椅	1	张		办公	
7	台式电脑	1~2	台	主流品牌	办公	

11.3.2 数字化工地信息化室内设备可按表 11.3.2 进行配置。

表 11.3.2 隧道工地信息化室内设备配置表

序号	设备名称	数量	单位	规格型号	用途	备注
隧道工地信息化室内 LED 屏配置 LED 显示屏体：宽 5.12m × 高 2.4m = 12.288m² 模组数（长 16 张 × 高 15 张）合计：240 张						
1	LED 屏示屏	12.288	m²	0.32×0.16	显示端	
2	电源	1	台	300W		
3	拼接器	1	台	1		

表 11.3.2（续）

序号	设备名称	数量	单位	规格型号	用途	备注
4	发送盒	6	台			
5	接收系统	1	张			
6	控制软件	1	套			
7	配电柜	1	台			供电系统
其他配置						
1	中号机柜	1	个	H（1.2~1.6m）	放置路由交换等设备	
2	路由器					洞口网络
3	交换机					
4	硬盘录像机	1	台		视频监控集中管理	
5	操作台	2	张		办公	洞口信息化人员
6	台式电脑	2~3	台	主流品牌	办公	
7	办公桌椅	若干				洞口技术人员

附录 A 机械化施工建议配置方案

表 A.0.1 铁路双线隧道单工作面机械化配套设备配置

单项工程	设备名称	功能要求	性能参数	数量（台/套）	适用范围	备注
超前地质预报作业线	多功能钻机	1. 钻孔、取芯、大管棚施工； 2. 适用于设计要求，满足现场施工	1. 最大钻孔深度：≥100m； 2. 钻孔直径：40～406mm； 3. 管棚直径：51～245mm； 4. 取芯深度：≥30m	1	Ⅱ型	
开挖作业线	全电脑三臂凿岩台车	1. 钻孔作业； 2. 精准定位； 3. 高质高效钻孔； 4. 钻孔开挖、超前地质钻探、超前管棚钻孔、超前注浆钻孔、径向锚杆钻设以及辅助装药、信息化指引	1. 工作范围：≥16.6m（宽）×11.3m（高），覆盖面积≥180m²； 2. 钻孔直径范围：38～140mm； 3. 凿岩机冲击功率：≥22kW； 4. 防水防尘等级：≥IP65； 5. 最快钻进速度：≥2.5m/min； 6. 最长钻进深度：≥30m； 7. 发动机功率：≥170kW； 8. 整机用电总功率：≥230kW	2	Ⅰ型	1. 兼顾炮孔加深、超前管棚、小导管； 2. 半电脑三臂凿岩台车或全液压三臂凿岩台车需要人工辅助放样、标记炮孔； 3. 机械装药可配混装炸药设备
	风动凿岩机	1. 开挖钻眼； 2. 超前小导管、锚杆钻设	1. 适宜最大凿孔深度：≥5m； 2. 工作气压：≥0.4MPa； 3. 工作水压：≥0.2MPa； 4. 适宜凿孔直径：≥34mm	25	Ⅱ型	

表 A.0.1（续）

单项工程	设备名称	功能要求	性能参数	数量（台/套）	适用范围	备注
开挖作业线	挖掘机	1. 土方开挖、扒渣、处理欠挖；2. 通过换装不同的附属装置，可以完成挖掘、洗挖、破碎等作业	1. 斗容量：≥1m³；2. 工作重量：≥20t；3. 功率：≥100kW	1	Ⅰ型或Ⅱ型	兼顾掌子面找顶、清底，可选配新能源设备
	空压机	1. 用于钻眼、喷锚等施工；2. 高压风供给	1. 排气压力：≥0.7MPa；2. 排气量：≥20m³/min；3. 总功率：≥110kW	3~5	Ⅰ型或Ⅱ型	根据隧道长度和需风量计算
	注浆机	集搅拌、储料、注浆为一体	1. 最大工作压力：≥2.5MPa；2. 最大流量：≥4m³/h	1~2	Ⅰ型或Ⅱ型	
装运作业线	装载机（侧卸）	装运、出渣	1. 斗容量：2.5m³；2. 额定载重量：≥5t	2	Ⅰ型或Ⅱ型	可选配新能源设备
	自卸汽车	出渣、材料运输	1. 总质量：≥25t；2. 货箱容积：≥20m³；3. 发动机功率：≥230kW	5	Ⅰ型或Ⅱ型	可选配新能源设备；随运距增加
支护作业线	锚杆钻注一体机	1. 打孔定向、定深、锚固，可施加预应力；2. 准确保证锚杆孔深度、角度，确保施工质量达到设计要求；3. 钻锚注一体化作业；适应多种锚杆	1. 钻孔直径：41~115mm；2. 单杆最大钻孔深度：≥4m；3. 锚杆库容量：≥3根；4. 最大注浆压力：≥2.0MPa；5. 最大冲击功率：≥12kW	1	Ⅰ型或Ⅱ型	
	拱架安装机	1. 立拱；2. 焊接网片；3. 减少作业人员；4. 辅助撬杠	1. 主臂承载能力：≥1500kg；2. 辅臂承载能力：≥700kg；3. 最大作业范围满足：14m（宽）×12m（高）	1	Ⅰ型或Ⅱ型	

表 A.0.1（续）

单项工程	设备名称	功能要求	性能参数	数量（台/套）	适用范围	备注
支护作业线	多功能台架	1. 钻孔台架； 2. 立模架，具有拱架顶升和平移功能； 3. 安装焊接网片	定制工装	1	Ⅱ型	
	搅拌运输车	运输混凝土	罐容量≥8m³	≥6	Ⅰ型或Ⅱ型	兼顾衬砌混凝土运输
	湿喷机械手	喷射混凝土	1. 最大工作能力：≥30m³/h； 2. 最大工作范围满足：≥26m（宽）×15m（高）×7m（深）m； 3. 需风量：≥13m³/min； 4. 主电机功率：≥55kW； 5. 发动机功率：≥90kW	1	Ⅰ型或Ⅱ型	可选配双臂机械手
	混凝土拌合站	生产混凝土，自动控制，高性能混凝土生产	生产能力：≥120m³/h	2	Ⅰ型或Ⅱ型	与衬砌共用
仰拱铺底作业线	自行式仰拱栈桥	1. 自动行走； 2. 车辆通行； 3. 液压模板定位，带仰拱弧形模板、中心水沟模板	1. 最大承载能力：≥50t； 2. 行车道净宽：≥3.6m； 3. 净跨度：≥24m； 4. 最大爬坡：≥10%； 5. 自带仰拱弧模	1	Ⅰ型或Ⅱ型	
	简易仰拱栈桥	适用于设计要求满足现场施工	净跨≥12m	1	Ⅰ型或Ⅱ型	
防排水作业线	防水板铺设台架	1. 防水板、土工布自动挂设； 2. 钢筋绑扎； 3. 自动行走	满足一次性6~12m，防水板、工布铺设及钢筋绑扎，并结合现场实际，满足需求	1	Ⅰ型或Ⅱ型	

表 A.0.1（续）

单项工程	设备名称	功能要求	性能参数	数量（台/套）	适用范围	备注
二次衬砌及养护	数字化衬砌台车	1. 混凝土浇筑； 2. 分窗浇筑； 3. 自动行走； 4. 止水带精准安装定位； 5. 数据采集	1. 循环有效工作长度：12m； 2. 布料形式：转盘式/移动小车； 3. 振捣方式：电动附着/气动附着（电动插入/电动附着/气动附着）； 4. 具备数据采集上传功能	1	Ⅰ型或Ⅱ型	可选用大门架衬砌模板台车或纵向灌注台车
	混凝土输送泵、车载泵	1. 混凝土输送； 2. 混凝土浇筑	1. 输送能力：≥60m³/h； 2. 最大泵送压力：≥7MPa； 3. 主电机功率：≥75kW； 4. 发动机功率：≥140kW	1	Ⅰ型或Ⅱ型	
养护作业线	数字化养护台车	1. 二次衬砌混凝土养护； 2. 自行式； 3. 喷淋和温湿度控制； 4. 单循环养护长度 12m	1. 养护方式：封闭式蒸养/敞开式喷养； 2. 养护长度：≥6m； 3. 具备保温保湿功能； 4. 具备养护数据采集上传功能	1	Ⅰ型或Ⅱ型	
沟槽作业线	沟槽台车	1. 模板安装，自行，水沟电缆槽一次成形； 2. 内模可升降	根据现场需求，一次作业长度≥12m	1	Ⅰ型或Ⅱ型	
施工通风	射流风机	1. 隧道通风； 2. 满足具体施工要求	1. 最大风量：≥45m³/s； 2. 最大风压：≥5600Pa	1~2	Ⅰ型或Ⅱ型	
	轴流风机	1. 隧道通风； 2. 满足具体施工要求	1. 最大风量：≥60m³/s； 2. 最大风压：≥4500Pa	1~2	Ⅰ型或Ⅱ型	根据隧道除尘情况选配，也可选配隧道除尘车

表 A.0.2 铁路单线或辅助坑道隧道单工作面机械化配套设备配置

单项工程	设备名称	功能要求	性能参数	数量（台/套）	适用范围	备注
超前地质预报作业线	多功能钻机	1. 钻孔、取芯、大管棚施工； 2. 适用于设计要求满足现场施工	1. 最大钻孔深度：≥100m； 2. 钻孔直径：40～406mm； 3. 管棚：51～245mm； 4. 钻孔（取芯）深度≥30m	1	Ⅰ型或Ⅱ型	
开挖作业线	全电脑三臂凿岩台车	1. 钻孔作业； 2. 精准定位； 3. 高质高效钻孔； 4. 钻孔开挖、超前地质钻探、超前管棚钻探、超前注浆钻孔、径向锚杆钻设以及辅助装药、信息化指引	1. 工作范围：≥16.6m（高）×11.3m（宽），覆盖面积≥180m²； 2. 凿岩机冲击功率：38～140mm； 3. 钻孔直径范围：≥22kW； 4. 防水防尘等级：≥IP65； 5. 最快钻进速度：≥2.5m/min； 6. 最长钻进深度：≥30m； 7. 发动机功率：≥170kW； 8. 整机用电总功率：≥230kW	1	Ⅰ型	1. 兼顾炮孔加、超前管棚、小导管； 2. 半电脑三臂凿岩台车或全液压三臂凿岩台车需要人工辅助放样、标记炮孔； 3. 机械装药可配混装炸药设备
	两臂凿岩台车	1. 钻孔作业； 2. 高质高效钻孔； 3. 辅助装药	1. 工作范围满足：≥12.8（宽）×8（高）m，覆盖面积：≥100m²； 2. 钻孔直径范围：38～140mm； 3. 凿岩机冲击功率：≥20kW； 4. 防水防尘等级：≥IP65； 5. 发动机功率：≥120kW； 6. 整机用电总功率：≥150kW	1	Ⅰ型	单车道或平导使用

表 A.0.2（续）

单项工程	设备名称	功能要求	性能参数	数量（台/套）	适用范围	备注
开挖作业线	风动凿岩机	1. 开挖钻眼； 2. 超前小导管、锚杆钻设	1. 适宜最大凿孔深度：≥5m； 2. 工作气压：≥0.4MPa； 3. 工作水压：≥0.2MPa； 4. 适宜凿孔直径：≥34mm	≥12	Ⅱ型	根据断面实际配置
	挖掘机	1. 土方开挖、扒渣、处理欠挖； 2. 通过换装不同的附属装置，可以完成挖掘、喷锚等作业	1. 斗容量：≥1m³； 2. 工作重量：≥20t； 3. 功率：≥100kW	1	Ⅰ型或Ⅱ型	兼顾掌子面找顶、清底；可选配新能源设备
	空压机	1. 用于钻眼、喷锚等施工； 2. 高压风供给	1. 排气压力：≥0.7MPa； 2. 排气量：≥20m³/min； 3. 总功率：≥110kW	3～5	Ⅰ型或Ⅱ型	根据隧道长度和需风量计算
	注浆机	集搅拌、储料、注浆为一体	1. 最大工作压力：≥2.5MPa； 2. 最大流量：≥4m³/h	1	Ⅰ型或Ⅱ型	
装运作业线	装载机	装运、出渣	1. 斗容量：≥2.5m³； 2. 额定载重量：≥5t	1	Ⅰ型或Ⅱ型	双车道使用
	电动挖装机	挖渣、装渣	1. 装渣能力：≥200m³/h； 2. 电机总功率：≥75kW	1	Ⅰ型或Ⅱ型	单车道选用
	自卸汽车	出渣、材料运输	1. 总质量：≥25t； 2. 货箱容积：≥20m³； 3. 发动机功率：≥230kW	≥4	Ⅰ型或Ⅱ型	可选配新能源设备；随运距增加

表 A.0.2（续）

单项工程	设备名称	功能要求	性能参数	数量（台/套）	适用范围	备注
支护作业线	锚杆钻注一体机	1. 打孔定向、定深、锚固，可施加预应力； 2. 准确保证锚杆孔深度、角度，确保施工质量达到设计要求； 3. 钻锚注一体化作业；适应多种锚杆	1. 钻孔直径：41～115mm； 2. 单杆最大钻孔深度：≥4m； 3. 锚杆库容量：≥3根； 4. 最大注浆压力：≥2.0MPa； 5. 最大冲击功率：≥12kW	1	Ⅰ型或Ⅱ型	
	拱架安装机	1. 立拱； 2. 焊接网片； 3. 减少作业人员； 4. 辅助撬杠	1. 主臂承载能力：≥1500kg； 2. 辅臂承载能力：≥700kg； 3. 满足最大作业范围	1	Ⅰ型或Ⅱ型	
	多功能台架	1. 钻孔台架； 2. 立架； 3. 安装焊接网片	定制工装	1	Ⅱ型	
	搅拌运输车	运输混凝土	1. 罐容量：≥8m³； 2. 发动机功率：≥230kW	≥4	Ⅰ型或Ⅱ型	兼顾衬砌混凝土运输
	湿喷机械手	喷射混凝土	1. 满足最大工作范围满足； 2. 需风量：≥13m³/min； 3. 主电机功率：≥55kW； 4. 发动机功率：≥90kW	1	Ⅰ型或Ⅱ型	
	混凝土拌和站	生产混凝土，自动控制，高性能混凝土生产	生产能力≥120m³/h	2	Ⅰ型或Ⅱ型	与衬砌共用
	简易仰拱栈桥	适用于设计要求满足现场施工	净跨≥12m	1	Ⅰ型或Ⅱ型	

表 A.0.2（续）

单项工程	设备名称	功能要求	性能参数	数量（台/套）	适用范围	备注
防排水作业线	防水板铺设台架	1. 防水板、土工布自动挂设； 2. 钢筋绑扎； 3. 自动行走	满足一次性 6～12m，防水板土工布铺设及钢筋绑扎，并结合现场实际，满足需求	1	Ⅰ型或Ⅱ型	
二次衬砌及养护	数字化衬砌台车	1. 混凝土浇筑； 2. 分窗浇筑； 3. 自动行走； 4. 止水带精准安装定位； 5. 数据采集	1. 循环有效工作长度：12m； 2. 布料形式：转盘式移动小车； 3. 振捣方式：电动附着/气动附着（电动插入电动附着）； 4. 具备数据采集上传功能	1	Ⅰ型或Ⅱ型	可选用大门架衬砌模板台车或纵向灌注台车
	混凝土输送泵、车载泵	1. 混凝土输送； 2. 混凝土浇筑	1. 输送能力：≥60m³/h； 2. 最大泵送压力：≥7MPa； 3. 主电机功率：≥75kW； 4. 发动机功率：≥140kW	1	Ⅰ型或Ⅱ型	
	数字化养护台车	1. 二次衬砌混凝土养护； 2. 自行式； 3. 喷淋和温湿度控制； 4. 单循环养护长度 12m	1. 养护方式：封闭式蒸养/敞开式喷养； 2. 养护长度：≥6m； 3. 具备保温保湿功能； 4. 具备养护数据采集上传功能	1	Ⅰ型或Ⅱ型	
沟槽作业线	沟槽台车	1. 模板安装，自行，水沟电缆槽一次成形； 2. 内模可升降	根据现场需求，一次作业长度≥12m	1	Ⅰ型或Ⅱ型	
施工通风	射流风机	1. 隧道通风； 2. 满足具体施工要求	1. 最大风量：≥45m³/s； 2. 最大风压：≥5600Pa	1	Ⅰ型或Ⅱ型	根据实际情况选配
	轴流风机	1. 隧道通风； 2. 满足具体施工要求	1. 最大风量：≥60m³/s； 2. 最大风压：≥4500Pa	1	Ⅰ型或Ⅱ型	

附录 B 郑万铁路隧道机械化案例

郑万高速铁路湖北段全长约 287km，设计速度为 350km/h。隧道有 32.5 座（香树湾隧道跨重庆、湖北省界），其中 7 座长度超过 10km，隧道总长 167.619km，占本段线路总长 58.37%；隧道开挖断面面积约 150m²，属单洞双线大断面隧道。

郑万高铁隧道采取机械化全断面施工，具有配套机械系统化、规模大等特点，机械配置包括常规配置和加强型，加强型配置工作面在常规配置基础上增设 2 台三臂凿岩台车、自行式液压钢架安装平台 1 台、防水板作业台车 1 台、衬砌模板台车 1 台、移动式混凝土养生台架 1 台。湖北段加强型机械配置隧道 15 座，工区 24 个，承担正洞任务 91.135km；普通型机械配置隧道 6 座。隧道全工序机械化施工示意如图 B.0.1 所示。

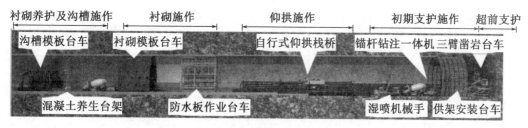

图 B.0.1 隧道全工序机械化施工图

郑万高铁部分隧道开挖月进尺统计，见表 B.0.1。

表 B.0.1 隧道机械化配套开挖综合月进度统计

围岩级别	工区	月进度（m）	平均值（m）	实施性施组要求（m）	增幅（m）	提升比例（%）
Ⅲ级	小三峡隧道 1 号横洞	178				
	向家湾进口工区	180				
Ⅲ级	罗家山隧道横洞小里程	127	144	120	24	20
	楚烽隧道 2 号横洞	150				
	新华隧道 3 号横洞	120				
	新华隧道斜井	150				
	新华隧道出口	120				
	甘家山隧道横洞	130				
Ⅳ级	小三峡隧道 1 号横洞进正洞	99	91	75	16	21
	香炉坪进口工区	90				
	向家湾进口工区	115				

表 B.0.1（续）

围岩级别	工区	月进度（m）	平均值（m）	实施性施组要求（m）	增幅（m）	提升比例（%）
Ⅳ级	香炉坪隧道2号斜井	118	91	75	16	21
	香炉坪隧道1号斜井	116				
	保康隧道1号横洞	85				
	保康隧道2号横洞	90				
	保康隧道斜井工区	80				
	罗家山隧道横洞小里程	92				
	罗家山隧道泄水洞小里程	85				
	楚烽隧道2号横洞	90				
	新华隧道3号横洞	80				
	新华隧道斜井	90				
	新华隧道出口	85				
	甘家山隧道横洞	90				
	兴山隧道2号横洞工区	85				
	荣家湾隧道进口	75				
	香树湾隧道横洞正洞	75				
Ⅴ级	香炉坪进口工区	72	65	45	20	44
	向家湾进口工区	72				
	香炉坪隧道2号斜井	75				
	香炉坪隧道1号斜井	70				
	保康隧道1号横洞	75				
	保康隧道2号横洞	75				
	保康隧道斜井工区	65				
	罗家山隧道横洞小里程	62				
	罗家山隧道泄水洞小里程	66				
	楚烽隧道2号横洞	50				
	新华隧道3号横洞	50				
	新华隧道斜井	50				
	兴山隧道2号横洞工区	72				
	荣家湾隧道进口	60				
	香树湾隧道横洞正洞	60				

注：由于Ⅱ级围岩试验段落为50m，故无法真实反映Ⅱ级围岩实际进尺。在机械化配套下Ⅲ、Ⅳ、Ⅴ级围岩施工月进度分别为144m、91m、65m，较实施性施组分别提升20%、23%、44%。

附录 C 施工机械简介

C.1 多功能钻机

C.1.1 多功能钻机是隧道超前探测施工的主要配套设备，主要由臂架、推进机构、底盘、车架、辅助装置、水汽、润滑、液压及电气等系统组成，用于隧道超前探孔、地质分析、地质取芯、超前管棚支护、边坡锚固、隧道救援及市政工程锚固、基坑支护等施工。如图 C.1.1 所示。

图 C.1.1 多功能钻机示意图

C.1.2 多功能钻机特点应包含下列内容：

1 超前地质预报：独有随钻测量（MWD）地质超前预报系统，通过对钻孔数据自动采集、分析，获得掌子面前方地质数据，优异的钢丝绳取芯系统，具备取芯速度快、取芯完整的优势，实现隧道地质快速超前勘探，轻松实现直径 65～245mm 钻进成孔。

2 超前安全支护：适用多种注浆工艺（缓凝型、瞬凝型、前进式、后退式），改良各种复杂地层，配备各种低、高压孔口止水装置，兼具止水、上浆功能。

3 高效优质钻进：配置全液压旋转冲击动力头，克服潜孔锤污染大、遇高压水难钻进等缺点，是传统旋转钻机的 5 倍以上，速度达 15～50m/h，通过钻杆实现单管和套管注浆，提高施工效率，降低施工成本。

4 操作快捷方便：采用标准化注水头和平衡杆设计，施工时仅需按要求适配钻具即可实现多功能钻进，操作便捷，配置全液压旋转冲击动力头，同一动力头既能低速大扭矩快速钻孔又能高速回转取芯，并且配有侧移功能，在换杆或定位过程中可进行横向调整，有效减少换杆和定位时间；采用无线遥控器控制整机动作，提高操作人员机动性，规避视野盲区，更加符合人机工程学设计。

5 高原适应性：高原环境适配性设计，可在海拔≤4500m、温度-25~50℃的环境下高效工作。

C.1.3 多功能钻机主要技术参数为：钻孔取芯≥150m，钻孔直径65~245mm，水平钻孔高度≥5m。

C.1.4 多功能钻机适用于隧道超前探孔、地质分析、地质取芯、管棚支护、边坡锚固、掌子面泄水孔及注浆孔打设、抢险救援，同时还可以用于市政工程中基坑锚固施工。在不调整地基高度的前提条件下，多功能钻机一次定位能在3m×3.5m~7.5m×5m（宽×高）隧道范围内进行钻孔施工。

C.1.5 多功能钻机安全操作要点应包含以下内容：

1 应按规定正确穿戴工作服和安全保护用品：①过肥的服装及佩戴首饰等可能被机械部件上的物品钩住，有油的工作服因易燃，不得穿用。②应根据工作内容穿戴保护眼镜、安全帽、口罩、手套、工作鞋等保护设备。特别是用锤子打击销子等金属片时异物可能飞散，应正确使用保护眼镜、安全帽、手套等保护用具。③由于钻进时会产生较大噪声，因此需要佩戴好耳塞等劳保用品。

2 多功能钻机在检查、维修保养时，应在显眼的位置挂警示牌，点检、维修过程中无关人员不得起动设备，否则可能会对点检、维保人员造成人身伤害。

3 多功能钻机工作时，臂架下方属于危险区域，有被落物砸伤的危险，应清空臂架下方的人员和工具，必要时设置警戒线。

4 多功能钻机操作、维修保养人员应具有一定的机械、电气、液压知识，应对多功能钻机机械结构、电气、液压的基本工作原理有一定的了解。人员应受过专业培训，同时具备相应的操作资格。

5 多功能钻机在安装和拆卸钻杆时，操作人员和辅助人员应配合好，防止因夹持器动作或动力头动作等造成人员受伤。

C.1.6 多功能钻机主要以超前探孔和地质取芯为主，超前探孔和地质取芯工艺如下：

1 超前探孔施工工艺流程可按图C.1.6-1所示流程进行。

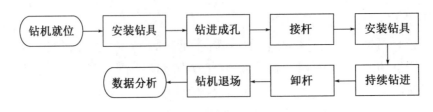

图 C.1.6-1 超前探孔施工工艺流程图

2 地质取芯施工工艺流程可按图 C.1.6-2 所示流程进行。

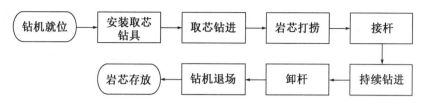

图 C.1.6-2　地质取芯施工工艺流程图

C.1.7 多功能钻机维修保养应符合表 C.1.7 要求。

表 C.1.7　多功能钻机维修保养要求

序号	所属部件	维修保养作业	运转时间或间隔周期					
			每作业循环	50h 或每周	100h 或每月	250h	500h	其他
1	整机	检查紧固件是否松动,所有结构件是否有损坏现象等	●					
2	底盘装配	检查履带是否松动	●					
3		行走减速机齿轮油更换			▲		●	
4		回转减速机齿轮油更换			▲		●	
5	臂架总成	回转支承加注 2 号润滑油脂		●				
6		臂架总成各润滑点加注 2 号润滑油脂	●					
7	推进机构总成	各润滑点加注 2 号润滑油脂	●					
8		推进减速机齿轮油更换			▲		●	
9		检查动力头安装定位销轴是否紧固可靠	●					
10		检查夹持器夹块、导向板磨损情况	●					
11		检查链条是否张紧,运转是否顺畅	●					
12		检查滑动托盘滑动是否顺畅	●					
13		检查各部件锈蚀情况,及时除锈			●			
14	辅助装置	检查钻头磨损情况	●					
15		检查钻杆螺纹是否存在磨损、裂纹或损坏等情况	●					
16		检查其他零部件磨损及其他损坏情况	●					
17	发动机系统	检查卡箍及紧固件等是否紧固可靠	●					
18		检查燃油量是否低于 30%	●					
19		检查机油油位和颜色	●					
20		检查防冻液液位	●					
21		油水分离器排水	●					

表 C.1.7（续）

序号	所属部件	维修保养作业	每作业循环	50h 或每周	100h 或每月	250h	500h	其他
					运转时间或间隔周期			
22	发动机系统	检查管路连接处，避免漏油、漏气	●					
23		机油、机油滤清器滤芯更换			▲	●		
24		整套燃油过滤器滤芯更换			▲	●		
25		空气滤清器滤芯清洗或更换			▲	●		
26		检查皮带张紧度		●				
27		检查并调整气门间隙					●	
28		清洗柴油箱和柴油管路						1000h
29		冷却器清洗				●		
30		防冻液更换						2000h
31	润滑系统	检查电动油脂泵是否运行正常	●					
32		电动油脂泵加注0号润滑油脂	●					
33	水气系统	水泵轴承加注润滑油脂						4000h
34		检查水泵是否有损坏和漏水现象	●					
35		水过滤器排污	●					
36		电动启发动作检查	●					
37		流量计显示检查	●					
38	电机泵组	检查电机、泵、阀、管路及接头等是否有变形、破损现象	●					
39		检查是否连接可靠、无间隙、无漏油现象	●					
40		电机润滑脂检查						2000h
41		电机泵组联轴器检查						1年
42	液压系统	液压油位检查	●					
43		液压油质检查	●					
44		液压油温检查	●					
45		检查液压管路、接头以及液压阀等是否紧密连接、无漏油现象	●					
46		吸油蝶阀开启检查	●					
47		拖链检查	●					
48		液压散热器检查	●					
49		控制阀组检查	●					
50		液压油缸检查			●			
51		液压马达检查			●			

表 C.1.7（续）

序号	所属部件	维修保养作业	每作业循环	50h或每周	100h或每月	250h	500h	其他
52	液压系统	液压油箱排水			●			
53		液压油品检查						1年
54		液压油更换						1年
55		液压回油过滤器滤芯更换						1年
56		液压管路过滤器滤芯更换						1年
57		空气滤清器更换						1年
58	电气系统	检查电缆接头、螺栓、支架是否紧固可靠	●					
59		检查电缆表面磨损情况	●					
60		检查卷筒内部无积水渗水、无锈蚀痕迹				●		
61		检查电缆接头连接是否可靠，碳刷长度大于25mm，并与集电滑环接触良好				●		
62		检查电控柜内部无积水渗水	●					
63		检查元器件外观、线路连接可靠				●		
64		检查显示屏报警信息	●					
65		检查传感器外观正常，无明显破损	●					
66		检查断路开关是否正常	●					

注：▲-首次保养；●-按推荐维护保养周期要求执行。

C.2 凿岩台车

C.2.1 凿岩台车是一种隧道及地下工程采用钻爆法施工的凿岩设备，是隧道钻爆法开挖工序中的关键装备，能实现钻爆破孔、超前钻探孔、管棚孔、锚杆孔、辅助装药等功能，如图 C.2.1 所示。凿岩台车分为全液压、半电脑、全电脑三种控制方式。

图 C.2.1 三臂凿岩台车

C.2.2 三臂凿岩台车主要特点应包含以下内容：

1 施工效率高：凿岩机功率大，钻孔速度快，钻进速度可达 3～5m/min；爆破设计图可导入行车电脑，无需掌子面描点即可实现自动钻孔。

2 钻孔能力强：凿岩机功率大，可实现洞口和洞内 20m 以上长管棚作业；配置自动接杆机构，可实现 30～50m 超前地质钻探。

3 工作环境好：全封闭式驾驶室，内置操作空调和行车空调；驾驶室内噪声低于 78dB，粉尘低，可减少职业病的发生。

4 适用多种开挖方式：适用于全断面、大断面、台阶法等多种开挖方式。

5 全电脑机型施工质量好：钻孔角度、位置、深度等参数由电脑控制，钻孔精确；自动扫描轮廓指导爆破设计优化，更容易实现超欠挖控制。

6 全电脑机型操作简单：整机作业全电脑控制，可一人控制多臂；全电控操作，钻孔过程自动化，无需丰富的操作经验。

7 全电脑机型信息化程度高：自动记录、存储施工日志。

C.2.3 三臂凿岩台车主要技术参数包含：最大钻孔深度 >5m，凿岩机功率 ≥25kW，钻孔直径 41～140mm。

C.2.4 三臂凿岩台车主要适用范围应包括以下内容：

1 ZYS134 全电脑四臂凿岩台车采用全电脑控制系统，可进行隧道轮廓扫描、超前地质预报、高效精准自动钻孔、辅助装药等施工，标配 18in 推进机构，单杆钻进深度为 5.2m，适用于 7m×7m～17.8m×13.4m 的大型断面。

2 ZYS113-FLB 全电脑三臂凿岩台车采用全电脑控制系统，可以进行隧道轮廓扫描、超前地质预报、高效精准自动钻孔、辅助装药等施工，标配 18in 推进机构，单杆钻进深度为 5.2m，配备四阶段排放发动机，适用于 6m×6m～16.6m×11.3m 的大型断面。

3 ZYS113-XLA 全电脑三臂凿岩台车采用全电脑控制系统，可以进行隧道轮廓扫描、超前地质预报、高效精准自动钻孔、辅助装药等施工，标配 18in 推进机构，单杆钻进深度为 5.2m，配备电动化传动系统，可以实现完全零排放施工，适用于 6m×6m～16.6m×11.3m 的大型断面。

4 ZY123-FLA 全液压三臂凿岩台车采用液压控制系统，可以进行高效钻孔、辅助装药等施工，标配 18in 推进机构，单杆钻进深度为 5.2m，适用于 6m×6m～16.6m×12.5m 的大型断面。

5 ZYS122A-FLA 全液压二臂凿岩台车采用全电脑控制系统，可以进行隧道轮廓扫描、超前地质预报、高效精准自动钻孔、辅助装药等施工，标配 18in 推进机构，单杆钻进深度为 5.2m，配备翼展机构，适用于 6m×6m～15.2m×12.1m 的中型断面。

6 ZY122A-FLA 全液压二臂凿岩台车采用液压控制系统，可以进行高效钻孔、辅助装药等施工，标配 18in 推进机构，单杆钻进深度为 5.2m，配备翼展机构，适用于 6m×6m～15.2m×12.1m 的中型断面。

C.2.5 三臂凿岩台车主要安全操作要点应包含以下内容：

1 操作、维修人员应具备一定机械、电气、液压知识，对该设备机械结构、电气、液压的基本工作原理有一定了解，且应受过专业培训、具备相应操作资格。电气维修方面的工作应由具有相应资格的电气人员进行。

2 进行设备操作或维修时，应遵守相关的技术资料和规范、标准、制度。

3 为避免违规操作对设备及人身安全造成伤害，操作人员身体不适、服用药物（催眠药）及酒后不得操作设备。

4 不得穿过肥服装、佩戴过长的饰品，防止被机械部件上的物品钩住。

5 工作时应穿戴安全帽、口罩、手套、工作鞋等合适保护装备；敲击、焊接作业等有异物飞散可能影响作业时，应佩戴护目镜；当噪声超过90dB时，操作人员应佩戴耳罩。

C.2.6 凿岩台车施工工艺可按图C.2.6所示流程进行。

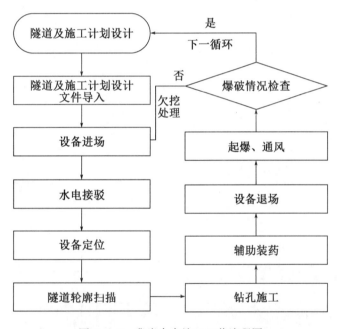

图 C.2.6 凿岩台车施工工艺流程图

C.2.7 三臂凿岩台车主要维修保养应符合表C.2.7要求。

表 C.2.7 三臂凿岩台车主要维修保养要求

序号	保养部件	保养项目	运转时间或间隔周期						
			8h/每日	50h	100h	250h	500h	1000h/每年	其他
1	发动机	检查发动机机油油位	●						
2		检查柴油油位，油水分离器放水	●						

表 C.2.7（续）

序号	保养部件	保养项目	运转时间或间隔周期						
			8h/每日	50h	100h	250h	500h	1000h/每年	其他
3	发动机	检查发动机冷却液液位	●						
4		检查进气管路密封性，检查空气滤清器指示器，必要时更换空滤器滤芯	●						
5		更换机油		▲		●			
6		更换冷却液							2000h/2年
7		更换机油滤芯			▲	●			
8		更换燃油精滤滤芯			▲	●			
9		更换油水分离器滤芯			▲	●			
10	传动轴	万向节加注润滑脂		●					
11		花键加注润滑脂		●					
12	轮胎	检查轮胎有无破损	●						
13		检查气压	▲	●					
14	变速箱	检查润滑油	●						
15		更换润滑油						●	
16		更换过滤器滤芯				▲	●		
17	驱动桥	检查润滑油油位	▲	●					
18		更换润滑油				▲		●	
19		摆动支承加注润滑脂（若有）			●				
20		转向主销加注润滑脂（若有）			●				
21		轮辋螺母拧紧力矩检查	▲			●			
22		制动器摩擦片检查				▲		●	
23	驾驶室	使用干抹布清洁蒸发器通风口	●						
24		开启空调制冷系统，保证 3~5min 的运行时间			●				
25		更换进气口无纺布滤网				●			
26		进行冷凝器及散热器脏堵物清理				●			
27		进行压缩机皮带张紧检查				●			
28		压缩机皮带磨损状况检查					●		
29		进行空调制冷剂剂量检查				●			
30		检查雨刷刀片是否损坏、撕裂或者丢失橡胶刀片		●					

表 C.2.7（续）

序号	保养部件	保养项目	8h/每日	50h	100h	250h	500h	1000h/每年	其他
			\multicolumn{7}{c|}{运转时间或间隔周期}						

序号	保养部件	保养项目	8h/每日	50h	100h	250h	500h	1000h/每年	其他
31	驾驶室	使用玻璃清洗液清洗雨刷器，并添加玻璃水			●				
32	驾驶室	进行连杆球头轴承润滑检查，适当进行润滑维护					●		
33	驾驶室	进行电机表面灰尘清理，检查固定状态					●		
34	驾驶室	检查粉管有无干粉堵塞，干粉有无结块						●	
35	臂架	防尘组件调整					●		
36	臂架	伸缩臂滑块检查及更换					●		
37	臂架	臂架润滑情况检查	●						
38	进机构	高压水枪清洗推进梁	●						
39	进机构	检查凿岩机、滑块安装螺栓是否松动	●						
40	进机构	手动润滑点加注润滑脂		●					
41	进机构	合金导轨与滑块接触面涂抹润滑脂		●					
42	进机构	钢丝绳状态检查		●					
43	进机构	滑块与合金导轨间隙检查及磨损量检查		●					
44	凿岩机	检查润滑油液位	●						
45	凿岩机	检查润滑油出气量	●						
46	凿岩机	检查前导向壳体螺钉	●						
47	凿岩机	检查钎尾前端防水罩	●						
48	凿岩机	打紧托盘安装螺钉力矩		●					
49	凿岩机	检查易损零件损耗情况		●					
50	凿岩机	更换800h维保配件							详见凿岩机维保手册
51	凿岩机	更换1600h维保配件							
52	凿岩机	更换3200h维保配件							
53	电气系统	检查蓄电池				●			
54	电气系统	电缆卷筒				●			
55	电气系统	电控柜				●			

表 C.2.7（续）

序号	保养部件	保养项目	8h/每日	50h	100h	250h	500h	1000h/每年	其他
			运转时间或间隔周期						
56	液压系统	液压油油位检查	●						
57		液压油油质检查	●						
58		液压油油温检查	●						
59		液压系统漏油检查	●						
60		球阀检查	●						
61		吸油蝶阀检查	●						
62		拖链检查	●						
63		主电机泵组加注润滑脂							2000h/2年
64		主电机泵组联轴器检查						●	
65		冷却电机泵组联轴器检查						●	
66		控制阀组保养			●				
67		液压油缸保养			●				
68		液压马达保养			●				
69		液压油更换							2000h/2年
70		液压油箱排水			●				
71		回油过滤器滤芯更换						●	
72		高压过滤器滤芯更换						●	
73		泄油过滤器滤芯更换						●	
74		空气滤清器滤芯更换						●	
75		蓄能器充氮						●	
76	水气系统	检查增压水泵状况	●						
77		检查清洗水泵机油液位	●						
78		Y型过滤器排污	●						
79		气动球阀保养				●			
80		过滤减压阀排水	●						
81		气罐排水检查					●		
82	空压机	冷却器吹扫					●		
83		空气过滤器吹洗					●	●	
84		空气过滤器更换						●	
85		油过滤器/油分离芯/超级冷却油/更换						▲	正常使用2000h/每年
86		皮带保养							正常使用2000h

表 C.2.7（续）

序号	保养部件	保养项目	运转时间或间隔周期					
			8h/每日	50h	100h	250h	500h	1000h/每年	其他
87	润滑系统	水管卷筒/电缆卷筒加脂							400h
88		吊篮回转支撑/转向桥加脂		●					
89		凿岩机钎尾处油雾润滑情况	●						

注：▲-首次保养；●-按推荐维护保养周期要求执行。

C.3 锚杆台车

C.3.1 锚杆台车是用于隧道初期支护的核心装备。可根据需求配置自动定深钻孔、自动安装锚杆、自动施加预应力、自动制浆、自动注浆、吊篮高空作业等功能，广泛应用于公路、铁路、水利、矿山等领域的锚杆机械化施工，如图 C.3.1 所示。

图 C.3.1 锚杆台车

C.3.2 锚杆台车主要特点包含以下内容：

1 适应能力强：可实现系统锚杆、锁脚锚杆施工作业，广泛适应各种工况要求；满足先锚后注式及先注后锚式锚杆施工方式。

2 施工高质高效：该设备打孔定向、定深，准确保证锚杆孔深度、角度，确保施工质量达到设计要求。

3 作业及行车参数可视化：配置工作显示屏，实时显示钻进速度、推进压力、锚杆预紧力等参数。配置行车显示屏，实时显示发动机转速、燃油油量等参数。

4 可升降大容量注浆系统：配置制（注）浆一体注浆泵，实现浆液的机械化拌制、泵送。可升降的注浆系统设计，保证通过性的同时、降低上料高度。

5 安全环保：高强度臂架材料，方形伸缩臂，承载性能更好，更稳定；配备带防护顶棚吊篮、自动调平、过载自动缓降，保证高空作业安全；配置国Ⅳ排放标准发动机，满足国家现行排放标准。

6 工作环境舒适：全封闭式驾驶室，内置空调，改善操作环境。总线复合手柄，操作简单。

7 高海拔高寒环境适应性：可在海拔≤4500m、温度 -25～50℃的环境下高效工作。

C.3.3 锚杆台车技术参数为：最大钻孔深度5m；钻孔直径41～76mm；注浆压力0～2.5MPa。

C.3.4 锚杆台车适用范围包含以下内容：

1 MT141-FJ系列锚杆台车可用于预应力涨壳式中空锚杆、水泥砂浆锚杆的全工程机械化施工，标配5m锚杆单元（即锚杆库中一次装填9根5m长的锚杆），适应断面7.7m×7.7m～23m×14m，可根据需求选配4m、4.5m的锚杆单元。

2 MT121-FJ系列锚杆台车为全液压锚杆台车，主要用于锚杆孔的机械化施工，标配4m推进机构（即不接杆单次钻孔深度4m），选配接杆结构，接杆钻深可达10m，适应断面6.5m×6.5m～15m×11.2m。可根据需求选配4.5m、5m推进机构。

3 MT91锚杆台车是小型锚杆台车，主要用于预应力涨壳式中空锚杆、水泥砂浆锚杆的全工程机械化施工，标配3m锚杆单元（即锚杆库中一次装填9根3m长的锚杆），适应断面5.6m×5.6m～10.5m×9.2m。

C.3.5 锚杆台车工艺流程应符合下列要求：

1 预应力涨壳式中空锚杆施工可按图C.3.5-1所示流程进行。

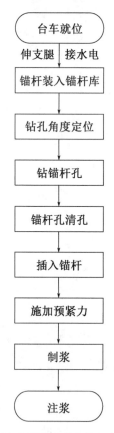

图 C.3.5-1 预应力涨壳式中空锚杆施工工艺流程图

1）钻孔：凿岩机带动钻杆边旋转边冲击钻凿锚杆孔，钻孔结束后回退到位并切换至非工作位，同时锚杆推进器切换至工作位。

2）安装锚杆：锚杆库回转，将锚杆放置至机械手，机械手抓取锚杆并送至工作位，锚杆推进器推送锚杆入孔，待锚杆推送到位后，机械手旋转涨紧锚杆。保持锚杆单位不动待注浆。

3）制浆：按照注浆料配合比将各组分注浆原材料倒入注浆泵搅拌仓，搅拌均匀。

4）注浆：打开注浆泵放料阀门，浆液由搅拌仓流至泵送仓，开启泵送电机注浆。待孔口溢浆或注浆压力达到设计值表示注浆完成。

2 砂浆锚杆施工工艺可按图 C.3.5-2 所示流程进行。

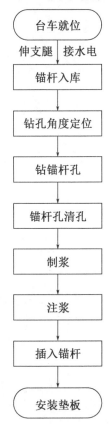

图 C.3.5-2 砂浆锚杆施工工艺流程图

1）钻孔：凿岩机带动钻杆边旋转边冲击钻凿锚杆孔，钻孔结束后回退到位并切换至非工作位，同时锚杆推进器切换至工作位。

2）砂浆管推送：打开机械手，砂浆管夹取油缸将砂浆管送至机械手中，机械手抓取砂浆管并送至工作位，锚杆推进器推送砂浆管入孔。

3）制浆：按照注浆料配合比将各组分注浆原材料倒入注浆泵搅拌仓，搅拌均匀。

4）注浆：打开注浆泵放料阀门，浆液由搅拌仓流至泵送仓，开启泵送电机注浆。锚杆推进器带动砂浆缓慢匀速后退，边退边注，直至注满。

5）砂浆管复位：机械手抓取砂浆管送至砂浆管夹取油缸内。

6）安装锚杆：锚杆库回转，将锚杆放置至机械手，机械手抓取锚杆并送至工作位，锚杆推进器推送锚杆入孔。

C.3.6 锚杆台车维修保养应符合表 C.3.6 要求。

表 C.3.6 锚杆台车维修保养要求

序号	所属部件	维修保养作业	运转时间或间隔周期					
			每作业循环	50h或每周	100h或每月	250h	500h	其他
1	发动机	检查发动机机油油位	●					
2		检查柴油油位，油水分离器放水	●					
3		检查发动机冷却液液位	●					
4		检查空气滤清器指示器	●					
5		更换机油			●			
6		更换机油滤芯			●			
7		更换燃油精滤滤芯			●			
8		更换油水分离器滤芯			●			
9	液压系统	电机加注润滑油脂						2000h/2年
10		电机泵组联轴器检查						●
11		检查液压油油位	●					
12		检查液压油油质	●					
13		检查液压油油温	●					
14		检查各管路、各多路阀、各类阀组是否出现漏油和损坏现象	●					
15		球阀状态检查	●					
16		检查 HP 滤芯检查	●					
17		液压油更换						2000h
18		液压油箱排水			●			
19		控制阀组检查			●			
20		液压油缸检查			●			
21		液压马达检查			●			
22		高压滤芯更换						●
23		回油滤芯更换						●
24		泄油滤芯更换						●
25		空气滤清器滤芯更换						●
26		蓄能器充氮						●
27		检查水泵状况	●					

表 C.3.6（续）

序号	所属部件	维修保养作业	每作业循环	50h或每周	100h或每月	250h	500h	其他
28	液压系统	Y型过滤器排污	●					
29		气动球阀保养			●			
30		过滤减压阀排水	●					
31		气罐排水检查			●			
32	空压机	冷却器吹扫及清洗			●			
33		空气过滤器吹洗			●			
34		空气过滤器更换						每年
35		油过滤器/油分离芯/超级冷却油/更换					▲	正常使用2000h/每年
36		皮带保养/皮带轮校直						正常使用2000h
37	润滑系统	水管卷筒/电缆卷筒加脂						400h
38		吊篮回转支撑/转向桥加脂		●				
39		凿岩机钎尾处油雾润滑情况	●					
40	注浆系统	注浆泵以及管路清洗	●					

注：▲-首次保养；●-按推荐维护保养周期要求执行。

C.4 拱架台车

C.4.1 拱架台车是钻爆法隧道开挖工序中的支护安装装备，具有钢架（包括格栅钢架）安装、辅助撬毛、辅助测量、通风管作业、辅助炸药装填、辅助高空作业等功能，广泛应用于铁路、公路、水利、矿山等领域隧道、井巷、涵洞等施工中的支护及高空作业，如图 C.4.1 所示。

a) SCD112S　　　　　　　　b) SCD133

图 C.4.1

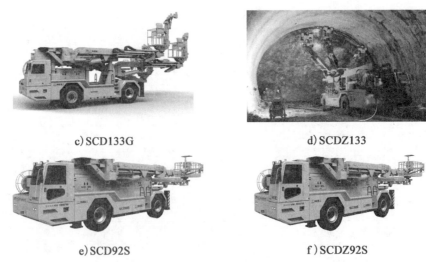

图 C.4.1 拱架台车

C.4.2 拱架台车主要特点包含以下内容：

1 适应能力强：采用左右臂前后滑移结构设计，施工作业范围广，立拱高度可达 13m，宽度可达 16m，可实现全断面、二台阶、三台阶法施工；满足拱架安装、炸药装填、锚杆安装、锚网安装、辅助撬毛、辅助测量、通风管作业及隧道设备安装等施工作业；可根据使用需求加装破碎锤模块、焊机模块、高原模块、信息化模块等；配置发动机、电机双动力系统，发动机、电机均可单独驱动施工作业。

2 多种拱架施工：优异的结构稳定性，最大举升重量 1.5t，满足钢拱架、格栅拱架、铰接式拱架、新型钢管网片拱架、单榀、双榀、三榀拱架施工作业。

3 拱架施工高质高效：机械手端部具有 6 个自由度的微调机构，实现拱架连接法兰孔精准对位，拱架连接牢固可靠；整榀拱架姿态调整，可达到设计位置要求；整机采用液压驱动、电比例控制，臂架控制更加精确可靠。

4 安全环保：高强度臂架材料，方形伸缩臂，承载性能更好，更稳定；吊篮 360°回转；吊篮自动调平，保证工作人员的安全；配置国Ⅳ排放标准发动机，满足国家现行排放标准。

5 少人化施工：通过控制机械臂抓取拱架代替人工作业，有效降低劳动强度。施工作业人员可减少至 4~5 人，有效减少掌子面施工人员数量；组拼钢拱架施工作业较传统工法节约时间 1/2；配置本地控制+无线遥控控制，控制按钮人性化布置，操作简单易学。

6 信息化程度高：可根据使用需求加装信息化系统，通过扫描仪采集到的隧道轮廓数据，分析获得掌子面超欠挖位置与超欠挖值；智能提示施工工序，操作方法简单易懂；实时监测台车运行参数，自动生成施工日志，便于信息化管理。

7 高海拔高寒环境适应性：可在海拔≤4500m、温度 −25~50℃ 的环境下高效工作。

C.4.3 拱架台车主要技术参数见表C.4.3。

表C.4.3 拱架台车主要技术参数表

项目	单位	参数					
		SCD112S 二臂+二吊篮	SCD133 三臂（三吊篮）	SCD133G 三臂（三吊篮）高原型	SCDZ133 三臂（吊篮）智能型	SCDZ92S 二臂+一吊篮 智能型	SCD92S 二臂+一吊篮
整机质量	kg	34000	42200	42200	42200	31000	31000
整机尺寸（长×宽×高）	mm	14700×2700×3300	14500×2700×3400	14500×2700×3400	14500×2700×3400	13500×2450×3000	13500×2450×3000
电总功率	kW	55	55	55	75	55	55
发动机额定功率	kW	118	118	129	118	118	118
最大工作断面（宽×高）	m	15×11	16×13	16×13	16×13	10×9	10×9
臂架承载能力	kg	拱架臂 2×1000	主臂 1500	主臂 1500	主臂 1500	拱架臂 2×650	拱架臂 2×650
		吊篮臂 2×500	辅臂 2×700	辅臂 2×700	辅臂 2×700	吊篮臂 500	吊篮臂 500

C.4.4 拱架台车可适用于铁路、公路、水利、矿山等领域隧道、井巷、涵洞等施工中的支护及高空作业，满足全断面、台阶法施工作业。拱架台车适用范围见表C.4.4。

表C.4.4 拱架台车适用范围

隧道类别		断面尺寸（宽×高）	适用型号	最佳型号	数量（台）
铁路隧道	单线货运铁路隧道	(6.0~7.0)m×(7.0~8.0)m	适用二臂	SCD92S SCD112S	1
	单线客货共运铁路隧道	(7.5~11.0)m×(8.0~11.0)m	适用二臂、三臂	SCD133 GM133-FL	1
	双线铁路隧道	(15~16.5)m×(10~12.5)m	适用二臂、三臂	SCD133 GM133-FL	1/2
	铁路导洞	6.0m×5.0m	适用二臂	SCD92S	1
	单车道辅助坑道	(6.0m~7.0)m×(5.5~7.0)m	适用二臂	SCD92S	1
	双车道辅助坑道	(7.0m~9.5)m×(6.0~8.0)m	适用二臂	SCD92S SCD112S	1

C.4.5 隧道拱架施工工艺流程主要包括超欠挖处理、初喷混凝土、测定钢架位置、清除拱脚底浮渣、铺设钢筋网、架立钢架、安装纵向连接筋、锚杆固定等过程。具体施

工可按图 C.4.5 所示流程进行。

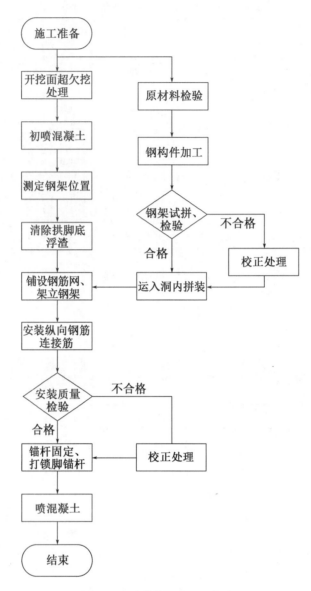

图 C.4.5　隧道拱架施工工艺流程

C.4.6　拱架台车维修保养应符合表 C.4.6 要求。

表 C.4.6　拱架台车维修保养表

序号	保养部件	保养项目	运转时间或间隔周期						
			8h/每日	50h/每周	100h	250h	500h	1000h/每年	其他
1	发动机	检查发动机机油油位	●						
2		检查柴油油位，油水分离器放水	●						
3		检查发动机冷却液液位	●						
4		检查空气滤清器指示器	●						

表 C.4.6（续）

序号	保养部件	保养项目	运转时间或间隔周期						
			8h/每日	50h/每周	100h	250h	500h	1000h/每年	其他
5	发动机	更换机油		▲		●			
6		更换冷却液							2000h/2年
7		更换机油滤芯		▲		●			
8		更换燃油精滤滤芯		▲		●			
9		更换油水分离器滤芯				●			
10	传动轴	万向节加注润滑脂		●					
11		花键加注润滑脂		●					
12	轮胎	检查轮胎有无破损	●						
13	变速箱	检查润滑油	●						
14		更换润滑油						●	
15		更换过滤器滤芯					●		
16	驱动桥	检查润滑油油位	▲	●					
17		更换润滑油						●	
18		摆动支承加注润滑脂（若有）		●					
19		转向主销加注润滑脂（若有）		●					
20		轮辋螺母拧紧力矩检查	▲			●			
21		制动器摩擦片检查				●			
22	驾驶室	检查灭火器质保期		●					
23	滑移系统	检查滑移系统各润滑点	●						
24		检查链条清洁度	●						
25		减速机首次工作100h需更换润滑油			▲		●		
26		检查滑移系统链条悬垂度		●					
27		检查减速机螺栓紧固状态					●		
28	臂架	防尘组件调整		●					
29		伸缩臂滑块检查及更换				●			
30		臂架润滑情况检查	●						
31	吊篮机械手	检查各润滑点及油缸连接处润滑	●						
32		清除黏附泥土杂质	●						
33		检查夹具等易耗件是否有变形等异常	●						
34		检查滑块、铜套的磨损情况					●		

表 C.4.6（续）

序号	保养部件	保养项目	运转时间或间隔周期					
			8h/每日	50h/每周	100h	250h	500h	1000h/每年	其他
35	电气系统	检查蓄电池				●			
36		电缆卷筒				●			
37		电控柜				●			
38	液压系统	液压油油位检查	●						
39		液压油油质检查	●						
40		液压油油温检查	●						
41		液压系统漏油检查	●						
42		球阀检查	●						
43		吸油蝶阀检查	●						
44		拖链检查	●						
45		电机泵组加注润滑脂							2000h/2年
46		电机泵组联轴器检查						●	
47		控制阀组保养				●			
48		液压油缸保养				●			
49		液压马达保养				●			
50		液压油更换							2000h/2年
51		液压油箱排水				●			
52		液压油过滤器滤芯更换						●	
53		空气滤清器滤芯更换						●	
54		蓄能器充氮						●	

注：▲-首次保养；●-按推荐维护保养周期要求执行。

C.5 混凝土湿喷机

C.5.1 混凝土湿喷机是集行走、泵送和喷射三大功能于一体的喷混支护产品。可广泛应用于隧道、高速护坡等不同行业不同场合的预搅拌混凝土、含钢纤维或聚合纤维的预搅拌湿混凝土喷射，如图 C.5.1 所示。

图 C.5.1 混凝土湿喷机

C.5.2 混凝土湿喷机特点如下：

1 整机适应能力强，采用工程底盘，发动机动力强劲，转场速度快，适应复杂道路和各种隧道施工。

2 四轮转向为基础的多种转向模式，转弯半径小，移车方便。

3 行走系统进行功率匹配，自动降档爬坡，安全可靠。

4 设置手动、自动反泵功能，防止堵管更可靠。

5 臂架喷射范围广，一次定位喷射基本可实现喷射无死区、死角；喷射速度高，可达 $30m^3/h$。

6 喷射台车臂架及泵送采用双动力液压系统，提高工作效率，使用更可靠；速凝剂添加自动跟随混凝土流量，喷射质量更好。

7 人机交互式显示，操作简单；无线遥控使操作人员远离掌子面，提高设备操作的安全性。

C.5.3 混凝土湿喷机主要技术参数包含：最大泵送方量双臂 $50m^3/h$，单臂 $30m^3/h$ ~ $50m^3/h$。具体参数见表 C.5.3。

表 C.5.3 混凝土湿喷机主要技术参数

项目	单位	参数				
		HPS5016（双臂）	HPSZ3018S（智能型）	HPS3016-FSH（常规型）	HPS2008B	HPSD2008B（履带式）
整机尺寸（长×宽×高）	mm	10213×2952×3343	10683×2500×3574	11234×2500×3198	7750×1788×2650	5900×1800×2000
电总功率	kW	285	155	135	75	75
发动机额定功率	kW	110	75	75	75	55
最大泵送方量	m³/h	50	30	30	20	20
最大工作断面（宽×高）	m	16×30	18×33	17.5×31.4	19×10.5	8×15

C.5.4 混凝土湿喷机主要适用范围包括以下内容：

1 HPS5016 双臂混凝土湿喷机电总功率 285kW，发动机额定功率 110kW，最大泵送方量 $50m^3/h$，最大工作断面 16m×30m。

2 HPS3018 单臂混凝土湿喷机电总功率 155kW，发动机额定功率 75kW，最大泵送方量 30m³/h，最大工作断面 18m×33m。

3 HPS3016 单臂混凝土湿喷机电总功率 135kW，发动机额定功率 75kW，最大泵送方量 30m³/h，最大工作断面 17.5m×31.4m。

4 HPS2008B 单臂混凝土湿喷机电总功率 75kW，发动机额定功率 75kW，最大泵送方量 20m³/h，最大工作断面 19m×10.5m。

C.5.5 混凝土湿喷机施工工艺可按图 C.5.5 所示流程进行。

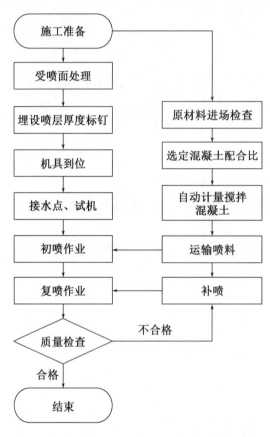

图 C.5.5 混凝土湿喷机施工工艺流程图

C.5.6 混凝土湿喷机主要维修保养应符合表 C.5.6 要求。

表 C.5.6 混凝土湿喷机主要维修保养表

序号	保养部件	保养项目	运转时间或间隔周期						
			8h/每日	50h/每周	100h	250h	500h	1000h/每年	其他
1	发动机	检查发动机机油油位	●						
2		检查柴油油位，油水分离器放水	●						
3		检查发动机冷却液液位	●						
4		检查空气滤清器指示器	●						

表 C.5.6（续）

序号	保养部件	保养项目	8h/每日	50h/每周	100h	250h	500h	1000h/每年	其他
5	发动机	更换机油			▲	●			
6		更换机油滤芯			▲	●			
7		更换燃油精滤滤芯			▲	●			
8		更换油水分离器滤芯			▲	●			
9		更换空滤主滤芯				●			
10		更换空滤安全滤芯				●			
11		更换发动机冷却液							2000h/1.5年
12	传动系统	检查轮胎有无破损	●						
13		检查并拧紧轮辋螺母	●						
14		检查是否泄漏：柴油、机油、防冻液、车桥和减速器润滑油	●						
15		传动轴万向节和花键加注润滑脂	●						
16		转向桥主销加注润滑脂	●						
17		转向桥摆动支承加注润滑脂	●						
18		更换前桥齿轮润滑油			▲			●	
19		更换后桥和减速器的齿轮润滑油			▲			●	
20		轮辋螺母拧紧力矩检查			▲	●			
21		传动轴螺栓拧紧力矩检查			▲	●			
22		检查轮胎气压			▲				
23		检查是否漏柴油、机油、润滑油、防冻液			▲				
24		制动器摩擦片检查					●		
25	臂架行走系统	清除混凝土、外部涂抹脱离剂或废油液、加注润滑脂	●						
26		检查回转支承滚道，添加适量润滑脂		▲					
27		清洁并检查齿轮齿圈磨损情况		●					
28		齿轮齿圈加注润滑脂		●					
29		检查齿圈紧固螺栓		●					
30		检查减速机油位，如果下降，补足油位		●					

表 C.5.6（续）

序号	保养部件	保养项目	8h/每日	50h/每周	100h	250h	500h	1000h/每年	其他
31	臂架行走系统	检查减速器紧固螺栓		●					
32		减速器更换润滑油及检查螺栓紧固状态			●				
33		回转支承检查螺栓紧固状态及齿轮齿圈磨损情况			●				
34		减速器更换润滑油							2000h/1年
35	臂架总成	清除黏附混凝土，检查各个臂架连接处、油缸和滑块的润滑，加注润滑脂	●						
36		检查臂架刮板的磨损情况			●				
37		检查三臂和四臂间的间隙			●				
38		检查臂架滑块的磨损情况				●			
39		检查臂架耐磨密封条磨损情况				●			
40	电气系统	检查蓄电池				●			
41		电缆卷筒				●			
42		电控柜				●			
43	液压系统	液压油油位检查	●						
44		液压油油质检查	●						
45		液压油油温检查	●						
46		液压系统漏油检查	●						
47		球阀检查	●						
48		吸油蝶阀检查	●						
49		拖链检查	●						
50		电机泵组加注润滑脂							2000h/2年
51		电机泵组联轴器检查						●	
52		冷却电机泵组联轴器检查						●	
53		控制阀组保养				●			
54		液压油缸保养				●			
55		液压马达保养				●			
56		液压油更换							2000h/2年

表 C.5.6（续）

序号	保养部件	保养项目	运转时间或间隔周期					
			8h/每日	50h/每周	100h	250h	500h	1000h/每年	其他
57	液压系统	液压油箱排水			●				
58		回油过滤器滤芯更换						●	
59		高压过滤器滤芯更换						●	
60		泄油过滤器滤芯更换						●	
61		空气滤清器滤芯更换						●	
62		蓄能器充氮						●	
63	空压机	吹扫及清洗冷却器				●			
64		检查冷却油油位				●			
65		油过滤器					▲	●	
66		油分离芯						●	
67		冷却油					▲	●	
68		检查皮带松紧度						●	
69		超级冷却油							2000h/1年
70	添加剂系统	运行添加剂泵						●	
71	空气系统	运行空压机查看空压机面板压力						●	

注：▲-首次保养；●-按推荐维护保养周期要求执行。

C.6 仰拱桥模台车

C.6.1 仰拱桥模台车集仰拱栈桥及仰拱成套模板于一体。其中仰拱栈桥用于解决仰拱施工对隧道掘进干扰大的问题，实现掌子面施工与仰拱施工平行作业；仰拱成套模板用于实现仰拱浇筑成型、填充浇筑成形，提高仰拱施工效率。通过仰拱栈桥与仰拱成套模板配合工作，实现仰拱施工机械化。如图 C.6.1 所示。

图 C.6.1 仰拱桥模台车

C.6.2 仰拱桥模台车主要特点包含以下内容：

1 整机采用机电液一体化设计，机械化程度高。
2 具有自主行走功能：栈桥自带动力源，无需其他设备辅助即可实现前进及后退。
3 具有左右横移功能：栈桥前后两端均可实现横移动作；一次横移行程为500cm。
4 具有引桥举升功能：前引桥举升最大角度为55°。
5 牵引能力强：行走系统由"液压马达＋链轮＋链条"提供动力，自制钢轮进行行走，它具有成本较低、结构可靠、牵引能力强、适应性好等优点。
6 机械化程度高：栈桥整体动作均采用机械化控制，减少人工劳动强度。
7 操作简单、方便：采用无线遥控＋手动操作。
8 作业跨度大：保证2~3循环仰拱施工作业。
9 整机采用模块化设计，安装快速、运输方便。

C.6.3 仰拱桥模台车主要技术参数见表C.6.3。

表 C.6.3 仰拱桥模台车主要技术参数

项目	单位	参数			
		YDZQ-12M	YDZQ-12	YDZQ-24M	YDZQ-24
整机重量	kg	51		62	
整机尺寸（长×宽×高）	m	30×4.96×1.3		41×4.96×1.3	
承载能力	t	65		65	
引桥坡度	°	8		8	
通车宽度	m	3.6		3.6	
行走速度	m/min	3		3	
一次横移距离	m	0.5		0.5	
最大浇筑长度	m	12		24	
整机功率	kW	11	5.5	11	5.5
是否带模板	—	带模板	无模板	带模板	无模板
控制方式	—	无线遥控，最大遥控距离100m			

C.6.4 仰拱桥模台车可适用于各种断面的隧道仰拱混凝土施工，广泛应用在铁路及公路隧道。

C.6.5 仰拱桥模台车安全操作要点包含以下内容：

1 操作人员不得少于3人，分别观察栈桥周围情况。
2 栈桥行走前应先举起前后引桥，引桥离地高度大于10cm。
3 主桥升起高度不宜过高，行走时不要反复点动，一次行走未到位时，需等栈桥平稳后再启动。

4 行走时应有专人观察，栈桥前端移动即将过半时应停止行走。

5 引桥下降时应缓慢进行，下降过程中应保证桥面基本水平，顶升油缸不要全部收回。

6 行走到工作位置后桥面要保持基本水平、引桥放下时应仔细观察。

7 每次油缸操作完毕后立刻停止油泵，以防止误操作和油温过高。

8 运行中，如突然发生故障，应采取措施将主桥固定，然后切断电源进行维修；严禁在运行中进行维修保养。

9 工作状态时后横移梁与已衬砌边线应保持 0.5m 的安全距离，开挖时应保证与前支腿保持 1m 的安全距离。

C.6.6 仰拱台车工艺流程应符合下列要求：

1 仰拱施工工艺：施工准备→测量放线→栈桥就位→仰拱清渣→钢轨绑扎→模板安装就位→仰拱浇筑→仰拱填充浇筑→脱模养护→移动栈桥进行下一循环作业。

2 隧道开挖工艺顺序：①将前支腿支地，升起前引桥，用挖机进行仰拱开挖；②一次开挖 3m 后，放下前引桥进行出渣；③清底进行初期支护；④移动栈桥，进行下一循环；⑤待满足 12m 仰拱施工时，进行仰拱钢筋绑扎、浇筑仰拱及填充层。

3 栈桥前移步骤：①将牵引桥举起，伸出行走轮及辅助小车支腿，并缩回前支撑油缸，使前后支撑离地；②操作多路阀，使前后横移油缸移动至最左端或最右端；③缩回行走轮，使栈桥后横移梁着地；④收回辅助小车支腿，使前支撑油缸着地；⑤操作多路阀，驱动横移油缸进行栈桥左右横移。

C.6.7 仰拱桥模台车维修保养应符合下列要求：

1 维修

1）栈桥移动、就位及使用应严格按照说明书要求进行操作，并指定专业人员进行操作及管理。

2）每次接线启动前应检查油泵的旋转方向是否与油泵所标注的方向相同。

3）电气控制部分应保证工作电压 36V，电压稳定，绝不允许有漏电现象。

4）各润滑点加注润滑脂或润滑油。

5）栈桥移动时，应注意观察自动小车滚轮与主桥位置未发生偏移。

6）在进行仰拱施作、仰拱填充作业后应及时清除附在仰拱模板上的混凝土，作业期间应防止液压油管上黏附混凝土。

7）保持泵站的清洁，严禁杂物、混凝土及其他颗粒落入其中。

2 保养

1）日常保养

（1）检查各类螺栓是否连接紧固、是否有滑丝现象。

（2）每次仰拱浇筑完成后，对液压油缸、拖链、链条上方进行清理。

（3）每次操作前，检查拖链与链条状况，有杂物需及时清理，保证拖链与链条能正常运行后，方可操作。

2）电气系统保养

（1）检查电气控制系统是否按照电气规范内容。

（2）电控柜在长时间运行后，要定期检查柜内接线或元件是否有松动或者脱落现象，以免导致故障或触电危险。

（3）隔三个月进行一次检查。

3 液压系统保养

在栈桥正式使用前，液压系统整套磨合后需换油；检查液压油箱的油量，油量不足时，应予补加；如果运行中的液压油已达到了换油期，应及时更换工作介质；把原变质油液尽可能放干净；核对新油的牌号、品质，加注新油；加注液压油箱时，应加注到油位表最低油位'min'和最高油位'max'之间；检查各油管、接头，应满足无漏油现象，软管无老化、损坏；检查油泵和液压油缸，油泵工作应正常，无异常响声，油缸应无泄漏；夏季每5~6个月更换N46低温抗磨液压油，冬季每5~6个月更换N32低温抗磨液压油，同时清洗吸油滤油器。

4 润滑

须加注"锂"基或"钙"基润滑脂。润滑点主要包括自动行走装置的相对运动处、前支腿的相对运动处、横移机构及行走机构。

C.7 防水板钢筋铺设台车

C.7.1 防水板钢筋铺设台车是专门用于隧道防水板自动铺设和二次衬砌钢筋绑扎的设备，集防水板铺设与钢筋绑扎于一体，实现一车两用。具有防水板卷材起吊上料系统，具备环向和纵向钢筋提升功能，环向钢筋定位功能，钢筋冷压钳滑移轨道系统；具备台车整体纵向自行走和横向平移功能，轨道自行进机构；含液压系统和电气系统。如图C.7.1所示。

图 C.7.1 防水板台车

C.7.2 防水板钢筋铺设台车主要特点包含以下内容：

1 车架主体系统：采用型材轻量化设计，有效减小台车自重及移动阻力，整体移动轻便灵活。包含防水板卷材上料系统，可实现防水板卷材的一次性吊装就位，避免使用人力搬运和二次缠卷，极大节约人工成本，提高工作效率。

2 行走平台系统：可伸缩工作平台，伸出可保证作业面全覆盖，缩回可保证和顺畅移动和行走不与隧道避免刮蹭。

3 行走系统：台车整体纵向行走和横向平移，纵向行走采用电机驱动，轨道式行走，横向移动采用液压油缸伸缩移动，自主灵活，方便台车行进、校正和隧道变宽时横向移动作业。

4 卷扬系统：可实现6m宽幅防水板一次性铺设完成，具有环向钢筋和纵向钢筋提升功能，避免人工肩扛手抬。

5 电气系统：含无线遥控器，可远距离操作台车铺设防水板、拉升钢筋和操作台车行走。含行走安全警示器、行走照明灯、工作照明灯。

6 液压系统：控制台车横向平移、四个支腿伸缩，防水板起吊臂伸缩，安全可靠。

7 智能化功能：包括防水板用量，防水板松弛度评估，自动生成施工日志，可视化作业等。

8 防水板台车有效解决隧道防水板铺设和二次衬砌钢筋绑扎工作效率低下、高空作业和安全保障困难等难题。

C.7.3 防水板钢筋铺设台车主要技术参数见表C.7.3。

表C.7.3 防水板钢筋铺设台车主要技术参数

项目	单位	FSG6	FSG9	FSG12
整机重量	t	35	42	55
整机尺寸（长）	mm	9500	12500	15500
电总功率	kW	25.5	25.5	29.5
作业半径	mm	依据隧道轮廓定制	依据隧道轮廓定制	依据隧道轮廓定制
适用卷材宽度	m	1~6.5	1~6.5	1~6.5
钢筋绑扎长度	m	6	9	12
卷材起吊重量	kg	1000×2	1000×2	1000×2
输入电压	V	380	380	380
液压系统工作压力	MPa	16	16	16
防水板铺设控制方式	—	无线遥控，最大遥控距离100m	无线遥控，最大遥控距离100m	无线遥控，最大遥控距离100m
行走方式	—	有线遥控、轮胎行走	有线遥控、钢轮行走	有线遥控、钢轮行走
使用海拔		5000m以下	5000m以下	5000m以下

C.7.4 防水板钢筋铺设台车可适用于各种断面的隧道衬砌防水施工，广泛使用在铁路及公路隧道中。

C.7.5 防水板钢筋铺设台车安全操作要点包含以下内容：

1 每班作业前，应检查台车螺栓紧固情况，若有松动应紧固。液压系统应安全可靠，检查液压系统有无漏油情况，检查操纵阀手柄是否在中位状态、检查液压计的油位。

2 检查电源相序是否正确，方法是观察电控柜电源相序指示灯，绿色为正常。

3 检查轨道上、地面及运行范围内应无人或无障碍物，工作平面不得堆放任何物品。

4 需正确佩戴安全帽，穿劳保鞋，穿好合适的工作服，不可穿过于宽松的工作服，更不要戴首饰或留长发，严禁戴手套及袖口不扣而操作。

5 应设专人指挥，操作人员应听从指挥，不得擅自进行升降或行走操作。操作人员不得少于四人。分别位于四个角进行观察。顶升前先观察其支腿下方情况，确认垫实后方可顶升。顶升时应缓慢进行，顶升的高度不要超过 0.5m，顶升完后台车大致水平。

6 行走时 2 个走行轮应有专人观察，看是否有干涉物。行走到工作位置后，主桥要保持基本水平，走行轮应高于后横移底面 5cm 以上。

7 每次油缸操作完毕后立刻停止油泵，以防止误操作和油温过高。运行中，如突然发生故障，应采取措施将台车固定，然后切断电源进行修理；严禁在运行中进行检修保养。工作状态时后横移与填充面边线应保持大于 0.5m 的安全距离。

C.7.6 防水板台车工艺流程如下：

以 12m 为一施工循环，使用 6m 宽幅防水板和 6m 宽幅土工布，卷材卷轴内径≥100mm，12m 标准长纵向钢筋；第一循环需多铺设 6m 土工布及防水板，后续每循环铺设 12m 土工布及防水板。避免施工时退二次衬砌台车为土工布、防水板施工让空间。

土工布施工：台车就位于 0~6m 位置→伸出台车支腿支撑台车→第一土工布起吊上料安放于台车铺设小车上→铺展并固定第一块土工布→缩回台车支腿→移动台车定位于 6~12m 位置→伸出台车支腿支撑台车→土工布起吊上料安放于台车铺设小车上→铺展并固定第二块土工布。

防水板施工：台车收回支腿回退就位于 0~6m 位置→伸出台车支腿支撑台车→防水板起吊上料安放于台车铺设小车上→铺展并固定第一块防水板→与上一循环防水板环向焊接缝合→缩回台车支腿→移动台车定位于 6~12m 位置→伸出台车支腿支撑台车→防水板起吊上料安放于台车铺设小车上→铺展并固定第二块防水板→与前一块防水板环向焊接缝合→防水板纵向焊接缝合→焊缝气密性检测无漏气。

钢筋绑扎施工：台车收回支腿回退就位于钢筋绑扎位置→起吊环向定位钢筋并固定→起吊纵向定位钢筋并钢筋→起吊第一层环向钢筋并固定→起吊第一层纵向钢筋并固定→起吊第二层纵向钢筋定位钢筋并定位→起吊第二层纵向钢筋并固定→起吊第二层环

向钢筋并固定→起吊连接筋并绑扎固定。

完成一循环土工布、防水板及钢筋绑扎工作，待二次衬砌施工，重复上述工艺，进行下一循环施工。

C.7.7 防水板钢筋铺设台车维修保养应符合下列要求：

1 维修

1）台车移动、就位及使用须严格按照说明书要求进行操作，并指定专业人员进行操作及管理。

2）每次接线启动前应检查油泵的旋转方向是否与油泵所标注的方向相同。

3）电气控制部分应保证工作电压36V，电压稳定，绝不允许有漏电现象。

4）各润滑点加注润滑脂或润滑油。

5）台车移动时，应注意观察行走轮与立柱位置未发生偏移。

6）在进行施工作业后须及时清除附在模板上的混凝土，作业期间须防止液压油管上黏附混凝土。

7）保持泵站的清洁，严禁杂物、混凝土及其他颗粒落入其中。

2 保养

1）检查各类螺栓是否连接紧固、是否有滑丝现象。

2）检查电气控制系统是否符合电气规范要求。电控柜在长时间运行后，要定期检查柜内接线或元件是否有松动或者脱落现象，以免导致故障或触电危险，隔三个月进行一次检查。

3）液压系统：在台车正式使用前，液压系统整套磨合后需换油；检查液压油箱的油量，油量不足时，应予补加；检查各油管、各接头，应满足无漏油现象，软管无老化、损坏；检查油泵和液压油缸，油泵工作应正常，无异常响声，油缸应无泄漏；夏季每5~6个月更换N46低温抗磨液压油，冬季每5~6个月更换N32低温抗磨液压油，同时清洗吸油滤油器。

4）润滑：须加注"锂"基或"钙"基，该润滑点主要包括自动走行装置的相对运动处、前支架导柱的相对运动处、横移机构及走行机构。

C.8 衬砌台车

C.8.1 数字化衬砌台车是为隧道二次衬砌而专门设计制造的非标产品，该设备由主体结构、浇筑系统、高频振捣系统、液压系统、电气控制系统以及视频监控系统组成，是一种新型智能化施工装备，具有自动浇筑、灌满提醒、密实振捣、信息可视等功能。通过数据交互、信息共享，实现了施工过程的实时监测、全方位检测，减轻了人员的劳动强度，保障了混凝土的衬砌质量，如图C.8.1所示。

图 C.8.1 衬砌台车

C.8.2 衬砌台车主要特点包含以下内容：

1 软搭接：环向软搭接，采用接近开关与橡胶缓冲材料，实现精准软搭接，避免损坏已完成的衬砌部分。纵向软搭接，沿台车边模纵向与仰拱矮边墙搭接处设置橡胶缓冲材料，实现与仰拱矮边墙的纵向软搭接，避免损坏已完成的矮边墙部分。

2 双浇筑系统：衬砌台车施工时，先进行拱墙混凝土浇筑，由浇筑机械手来实现，采用机器人手臂设计，负责1~3排窗口浇筑，从左到右、由下而上分层逐窗依次浇筑。拱墙浇筑完毕后，切换管路进行拱肩与拱顶混凝土浇筑。拱肩与拱顶浇筑由带压浇筑来实现，带压浇筑伸缩管自由端为锥形管口，管口设有聚氨酯密封垫，与接料口严格密封，纵向滑移、上下升降、左右摆动，完成拱顶混凝土浇筑。

3 360°旋转布料：混凝土浇筑采用360°旋转布料机，通过布料机管路的自动伸缩，实现对边模和顶模的定位浇筑，提高衬砌质量，减小劳动强度；管路分层布置实现分层浇筑，克服一孔到底和料斗溜槽无压输送造成的混凝土离析、人字坡冷缝弊端；仅需1人即可实现泵送接口不同位置的转换，操作简单快捷，耗时短；管路均为封闭式，不会造成材料的浪费和污染，实现带压输送。

4 高频密实振捣：高频气动振动频率远大于模板固有频率，更难引起模板共振，对模板的损害更小；高频振捣下的混凝土气泡数量明显减少、振捣更为密实、劳动强度大大降低，衬砌质量显著提高。

5 智能监测系统：智能监测系统具有混凝土浇筑方量统计、液位显示、温度监测、拱顶压力监测、拱顶灌满提醒、振捣次数、时长记录及报警信息等功能，实时监测混凝土的浇筑状态，以量化的指标来指导二次衬砌施工，从而保障混凝土的衬砌质量；同时，能够及时将施工数据进行记录、存储及上传，为后续的浇筑作业提供数据支撑。

6 视频监控：在台车上部两端、模板两侧、浇筑主机等位置处布设摄像头，实时监控混凝土的浇筑状态。

7 微信小程序：兼具微信小程序功能，可在手机端实时查看台车的施工信息，简单便捷。

C.8.3 衬砌台车主要技术参数见表C.8.3。

表 C.8.3 衬砌台车主要技术参数

项目	单位	参数			备注
型号	—	CQZ1108A-01	CQZ1309AG-01	CQS12	依据隧道轮廓定制化生产
整机质量	kg	110	130	150	
整机尺寸（长×宽×高）	mm	15426×11200×7510	18848×12853×8915	12100×13400×9945	
通车净空（宽×高）	m	4.1×4.5	4.3×4.7	3.9×4.5	
总功率	kW	29.5	52.5	90	
通风管直径	m	1.8	1.8	1.8	
单循环衬砌长度	m	12	12	12	
模板宽度	mm	1.5	1.5	2.0	
面板厚度	mm	10	10	10	
端头封堵	—	钢木组合式堵头			
台车行走高程	—	以隧道衬砌设计断面设计高程为准			
与矮边墙搭接尺寸	mm	100	100	100	
驱动方式	—	液压缸步进式	轨行式		
行走功率	kW	—	4×5.5	2×7.5	
行走速度	m/min	6.7	6.7	4	
爬坡能力	%	≥3.5	≥3.5	≥3.5	
浇筑系统	—	360°旋转布料	360°旋转布料	双浇筑	
工作压力	MPa	16	16	16	
工作电压	—	380	380	380	
振捣系统	—	拱顶插入式振捣+气动式振捣/电动式振捣			
智能监测	—	信息化集成控制柜，可显示拱顶压力、拱顶防脱空、端部搭接预警、混凝土温度、混凝土液位、混凝土浇筑方量、振捣次数及时长等数据，供操作人员观察和记录			
数据上传	—	智能监测采集的数据能够及时上传至服务器，并具备微信小程序及短信通知功能，同时提供台车定位接口			
视频监控	—	包含球机、枪机、显示屏等电器元件，在浇筑主机、模板两侧、台车前后等位置设置摄像头，实时监测混凝土的浇筑状况			

C.8.4 广泛应用于铁路、公路、地下工程、引水工程等领域各种隧道、井巷、涵洞等施工中的二次衬砌支护作业。

C.8.5 衬砌台车安全操作要点包含以下内容：

1 每一个工作循环前要校对钢轨是否平直，钢轨中心距与衬砌中心距是否对齐，检测钢轨牢固性，台车就位前，一定要把钢轨铺直，严谨防止门架支撑千斤顶不能撑于钢轨现象发生。

2 每一个工作循环后要检查各部位螺栓、销子的松紧状态，对各种连接件重新检查紧固。

3 台车行走机构、丝杆千斤顶要定期打黄油。

4 液压系统应无泄漏现象，液压油应清洁，工作时压力表开关应打开，随时观察压力的波动情况。

5 衬砌台车行走时，边模板下端与地面间不得有风管、水管等障碍物，严防台车行走时有拖带现象。

6 台车浇注前，对地丝杠千斤顶务必顶牢于地面。

C.8.6 衬砌台车施工作业工艺可按图 C.8.6 所示流程进行。

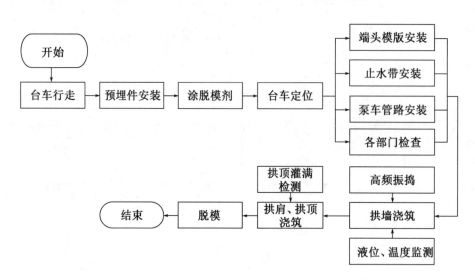

图 C.8.6 衬砌台车施工作业工艺流程图

C.8.7 衬砌台车维修保养应符合下列要求：

1 当液压泵站有调试与维修需求时，应尽量由专业人士予以维修处理。

2 检查阀块、管路、接头、油缸是否磨损或泄露，并及时更换。

3 根据油箱液位检查油量，如需加油，请加满。换油时将系统中的旧油放尽。

4 在松开任何接头前要清洗所要修理元件的周围。

5 需保持油箱油管的清洁，便于液压泵站散热。

6 空压机的进排气管较长时，应加以固定，管路不得有急弯；对较长管路应设伸缩变形装置。

7 空压机应在无载状态下启动，启动后低速空运转，检查各仪表指示值符合要求，运转正常后，逐步进入载荷运转。

8 输气胶管应保持畅通，不得扭曲，开启送气阀前，应将输气管道连接好，并通知现场有关人员后方可送气。

9 正常运转后，应经常观察各种仪表读数，并随时按使用说明书予以调整。

10 在隧道中施工时,对空压机外露摩擦面应定期加注润滑油,对电动机和电气设备应做好防潮保护工作。

11 每个工作循环向丝杠涂抹黄油,对各个润滑点加注润滑油(脂),并清除门架、模板表面的混凝土。

12 每个工作循环必须给模板涂脱模剂。

13 在浇筑混凝土时,必须将各油缸活塞杆遮盖,防止混凝土露在活塞杆表面。

14 每次脱模后须检查各连接螺栓有否松动,如有松动须拧紧。须全面紧固连接螺栓,防止台车模板间出现缝隙及错台。

C.9 养护台车

C.9.1 数字化养护台车是隧道钻爆法开挖中的关键装备,通过恒温水箱、密闭保温系统、雾化系统,检测系统,可以实现二次衬砌混凝土的恒温恒湿养护,有效提高混凝土的养护强度,降低养护裂纹。如图 C.9.1 所示。

图 C.9.1 养护台车

C.9.2 养护台车主要特点包含以下内容:

1 自动控制养护:根据温湿度检测结果自动控制养护,保持恒温恒湿养护,亦可按照设置,定时温度逐级递减养护。

2 养护参数实时可视化:可以实时显示薄膜内部的温湿度、水温,实现对养护数据的记录与处理。

3 养护稳定:养护温湿度可以自动控制,并自动保持恒温、恒湿状态,减少了外部环境不稳定因素干扰。

C.9.3 养护台车主要技术参数见表 C.9.3。

表 C.9.3 养护台车主要技术参数

序号	项目	单位	YHS12 数字化养护台车
1	整机质量	t	根据断面定制
2	整机尺寸	mm	根据断面定制
3	总功率	kW	38.5
4	供电电压	V	380
5	养护温度	℃	常温至 75
6	养护湿度	—	90% 以上
7	养护长度	m	12
8	单个水雾化直径	m	4
9	最大爬坡能力	%	3
10	行走方式	—	轨行式 2×5.5kW
11	行走速度	m/min	6
12	控制方式	—	全电脑

C.9.4 数字化养护台车可广泛应用于铁路、公路、水利、国防、矿山等领域各种隧道、井巷、涵洞等施工中的混凝土养护作业。

C.9.5 养护台车安全操作要点包含以下内容：

1 每一个工作循环前要校对钢轨是否平直、钢轨中心距与衬砌中心距是否对齐，检测钢轨牢固性。台车就位前，一定要把钢轨铺直，严谨防止门架支撑千斤顶不能撑于钢轨上现象发生。

2 每一个工作循环后要检查各部位螺栓、销子的松紧状态，对各种连接件重新检查紧固。

3 台车行走机构、丝杆千斤顶要定期打黄油。

4 台车行走时，台车架下端与地面间不得有风管、水管等障碍物，严防台车行走时有拖带现象。

5 养护薄膜系统未收回不得就直接行走台车。

6 严禁将养护用水洒在电控柜附近，水箱加水时严禁将水管喷口朝向电控柜方向，防止出现漏电事故。

C.9.6 养护台车维护保养应符合下列要求：

1 当液压泵站有调试与维修需求时，应尽量由专业人士予以维修处理。

2 检查阀块、管路、接头、油缸、水管是否磨损或泄露，并及时更换。

3 根据油箱液位检查油量，如需加油，请加满。换油时将系统中的旧油放尽。

4 在松开任何接头前要清洗所要修理元件的周围。

5 需保持水箱水管的清洁，定时全面清洗水箱，去除污垢，防止杂质堵塞喷头。

6 正常运转后，应经常观察各种仪表读数，并随时按使用说明书予以调整。

7 在隧道中施工时，对电动机和电气设备应做好防潮保护工作。

8 每施工3循环后须检查各连接螺栓有否松动，如有松动须拧紧。须全面紧固连接螺栓，防止台车模板间出现缝隙及错台。

C.10 除尘台车

C.10.1 隧道除尘台车是隧道钻爆法开挖施工中的重要装备，能快速吸收粉尘，用于快速清洁掌子面爆破后的粉尘，减少爆破后等待时间，净化爆破后隧道内的空气，提高隧道内施工环境质量，如图C.10.1所示。

a) SCC3000G

b) SCC1500G-FC

c) SCC750G-FC

图 C.10.1 除尘台车

C.10.2 除尘台车主要特点包含以下内容：

1 隧道除尘台车处理风量大，能在爆破后 10～20min 内，将隧道内爆破后产生的含大量粉尘的空气吸入除尘器进行处理，并排出干净的空气。

2 配置大功率发动机，整机动力源来源于发动机，无需外接电源，配置大功率风机，整机纯液压驱动节能降耗。

3 工程底盘配置四轮驱动、四轮转向形成八字、蟹形和前、后桥独立转向等模式行走转向，极大缩小转弯半径，提高通过性。

4 配置双级轴流风机，大风量除尘，高精度过滤器除尘高效净化空气。可在 10～20min 内将粉尘处理完毕。

5 采用全自动压缩空气脉冲喷吹技术自动清洗除尘滤芯。采用自动螺旋输送技术，自动气缸排灰闸门，可实现粉尘集中排放。

C.10.3 除尘台车主要技术参数见表 C.10.3。

表 C.10.3 除尘台车主要技术参数

项目	单位	SCC3000G	SCC1500G-FC	SCC750G-FC
整机质量	t	24.5	16.5	7
整机尺寸（长×宽×高）	mm	13400×2850×3600	10200×2500×3700	6800×2100×3000
整机功率	kW	390（发）	156（电）+132（发）	110（电）+113（发）
除尘风量	m³/min	3200	1500	750
除尘器除尘效率	%	≥99.99	≥99.99	≥99.99
最大行驶速度	km/h	12	85	90
最大爬坡能力	%	25	35	35
最小转弯半径（内/外）	m	4.91	8.8	6.8
转向方式	—	四轮转向	前轮转向	前轮转向
接近角	°	15	24	21
离去角	°	15	17	17.5
适用隧道断面面积	m²	80~230	≤80	≤30
适应海拔	m	≤4500	≤4500	≤4500

C.10.4 适用于全断面、大断面、台阶法等多种开挖方式除尘。适用于高原、平原等多种工况适用。作业面覆盖 230m² 以下隧道断面。

C.10.5 除尘台车维护保养应符合下列要求：

1 每个循环或连续工作 2h 清洗一次滤芯。
2 每周或者每 10 个循环排灰一次。
3 各润滑点按润滑要求加注润滑脂。
4 汽车底盘及发动机按期按维保手册要求保养。

本指南用词说明

执行本指南条文时，对于要求严格程度的用词说明如下，以便在执行中区别对待。

（1）表示很严格，非这样不可的用词：

正面词采用"必须"，反面词采用"严禁"。

（2）表示严格，在正常情况下均应这样做的用词：

正面词采用"应"，反面词采用"不应"或"不得"。

（3）表示允许稍有选择，在条件许可时首先这样做的用词：

正面词采用"宜"，反面词采用"不宜"。

（4）表示有选择，在一定条件下可以这样做的，采用"可"。

引用标准名录

1 《爆破安全规程》（GB 6722）
2 《岩土锚杆与喷射混凝土支护工程技术规范》（GB 50086）
3 《混凝土结构工程施工质量验收规范》（GB 50204）
4 《建筑施工机械与设备 超前地质钻机》（GB/T 41969）
5 《铁路隧道设计规范》（TB 10003）
6 《铁路隧道工程施工安全技术规程》（TB 10304）
7 《铁路混凝土工程施工质量验收标准》（TB 10424）
8 《高速铁路隧道工程施工质量验收标准》（TB 10753）
9 《铁路隧道钻爆法施工工序及作业指南》（TZ 231）

涉及专利和专有技术名录

1 国家专利

[1] 中铁十二局集团有限公司．一种用于衬砌台车的浇注设备和衬砌台车：201810738697.0［P］．2020-09-03.

[2] 中铁十二局集团有限公司．隧道拱架安装装置：201721004106.4［P］．2019-06-05.

[3] 中铁十二局集团有限公司．一种隧道拱架加工运输系统：ZL201720879370.6［P］．2018-09-12.

[4] 中国铁建重工集团股份有限公司．一种用于隧道内空气除尘的除尘设备及除尘系统：202310482339.9［P］．2023-04-30.

[5] 中国铁建重工集团股份有限公司．一种钻注锚一体化锚杆及其施工工艺：202211690430.1［P］．2022-12-27.

本文件的发布机构提请注意，声明符合本文件时，可能涉及到相关专利的使用。

本文件的发布机构对于该专利的真实性、有效性和范围无任何立场。

该专利持有人已向本文件的发布机构保证，他愿意同任何申请人在合理且无歧视的条款和条件下，就专利授权许可进行谈判。该专利持有人的声明已在本文件的发布机构备案，相关信息可通过以下联系方式获得：

专利持有人姓名：中铁十二局集团有限公司。

地址：山西省太原市西矿街130号。

请注意除上述专利外，本文件的某些内容仍可能涉及专利。本文件的发布机构不承担识别这些专利的责任。

2 工法

[1] 中铁十二局集团有限公司．SXSJGF2017-036 隧道拱架加工流水线施工工法［D］．太原：山西省住房和城乡建设厅，2017.

[2] 中铁十二局集团有限公司．SXSJGF2018-011 多榀拱架同步预拼安装工法［D］．太原：山西省住房和城乡建设厅，2018.

[3] 中铁十二局集团有限公司．SXSJGF2018-054 隧道二次衬砌钢筋及宽幅防水板自动安装工法［D］．太原：山西省住房和城乡建设厅，2018.